论教育

[英]伯特兰·罗素 著

刘莉 译

生活·讀書·新知三联书店

Copyright © 2025 by SDX Joint Publishing Company.
All Rights Reserved.
本作品版权由生活·读书·新知三联书店所有。
未经许可，不得翻印。

图书在版编目（CIP）数据

论教育 /（英）伯特兰·罗素著；刘莉译. -- 北京：生活·读书·新知三联书店，2025.8. --（三联精选）. ISBN 978-7-108-08116-2

Ⅰ．G40-095.61

中国国家版本馆 CIP 数据核字第 2025FV8328 号

责任编辑　王　竞
装帧设计　鲁明静
责任印制　李思佳
出版发行　生活·讀書·新知 三联书店
　　　　　（北京市东城区美术馆东街 22 号 100010）
网　　址　www.sdxjpc.com
经　　销　新华书店
印　　刷　北京隆昌伟业印刷有限公司
版　　次　2025 年 8 月北京第 1 版
　　　　　2025 年 8 月北京第 1 次印刷
开　　本　850 毫米 × 1168 毫米　1/32　印张 8.25
字　　数　149 千字
印　　数　0,001-4,000 册
定　　价　45.00 元

（印装查询：01064002715；邮购查询：01084010542）

目录

Contents

导读　教育的力量　　　　　　　王利平　1

引言　3

第一部分　教育的理想

第一章　现代教育理论的基本原理　10

每一个正常的孩子所拥有的自发的学习欲望，就像他们努力学走路、努力学说话那样，应该成为教育的动力。理想的教育制度必须是民主的，尽管这种理想不能立即实现。

第二章　教育的目的　32

教师应该爱他的学生胜过爱他的国家或教会，否则他就不是一个称职的教师。不过，教育工作者仅仅爱学生是不够的，他必须对什么是卓越的人有正确的认识。

第二部分　品性教育

第三章　第一年　62

婴儿的学习欲望是如此强烈，父母只需要提供学习机会即可。给孩子一个发展的机会，剩下的就靠他自己的努力。没有必要教孩子爬或走路，或学习其他任何肌肉控制的基本方法。

第四章　恐惧　73

克服恐惧的经历是非常令人愉悦的。当他的勇气赢得赞扬时，他这一天都会容光焕发，特别快乐，这样也很容易唤起孩子的自尊心。

第五章　游戏与幻想　92

事实很重要，想象也很重要；但想象在个人的历史中发展得更早，在人类的历史中也是如此。

第六章　建设　103

破坏比较容易，孩子们的游戏通常是从破坏开始的，后来才过渡到建设。建设和破坏都能满足权力意志，但建设通常更困难，因此能完成建设的人可以获得更多满足。

第七章　自私与财产　112

在一个快乐的孩子身上，激发他慷慨的性格应该不难；但如果孩子缺乏快乐，他当然会死死抓着那些可以得到的东西不放。孩子不是通过苦难来学到美德，而是通过快乐和健康。

第八章　诚实　120

不诚实几乎都是恐惧的产物。被明智而仁慈地对待的孩子，眼神坦率，即使在陌生人面前也无所畏惧；然而，受到挑剔或严厉对待的孩子，总是害怕受责备，生怕自己正常的行为违反了某些规则。

第九章 惩罚 127

没有表扬和责备就不可能进行教育，但是两者都需要一定程度的谨慎。体罚永远是不对的。轻微的体罚虽然不会造成伤害，却也没有益处；而严重的体罚会引发残忍和暴力。

第十章 同伴的重要性 137

孩子会高兴地听哥哥姐姐的话，但却不会乐于服从成年人，除非是受到严厉的管教。

第十一章 爱和同情 144

没有一种方法可以强迫孩子产生同情或爱，唯一可能的方法是观察这些感情自发产生的条件，然后努力创造这些条件。

第十二章 性教育 161

回答相关问题是性教育的重要组成部分。有两条基本规则。第一，总是如实地回答问题；第二，像看待其他知识一样看待性知识。不管孩子多小，只要他发问，一定要有人回答他。

第十三章 幼儿园 170

不能期望父母拥有育儿这门崭新又困难的技术所需要的全部技能或闲暇时间。即使是那些受过高等教育、有责任心且不太忙碌的父母，孩子在家里也不能像在幼儿园那样，能学到那么多他们所需要的东西。

第三部分　智力教育

第十四章　一般原则　182

专注力是一种非常宝贵的品质，除非通过教育，否则很少有人能获得这种品质。

第十五章　十四岁前的学校课程　196

没有一个孩子会认为幼稚是迷人的，他要的是尽快学会像一个成年人那样行事。因此，儿童读物绝不应该以幼稚的方式表现出居高临下的乐趣。

第十六章　最后的学年　209

永远不要让学生为自己的愚笨感到羞耻。教育最大的激励就是让学生感到自己可以达到目标。让人觉得枯燥的知识没有多大用处，而学生如饥似渴吸收的知识则可以成为永久的财富。

第十七章　走读学校和寄宿学校　219

一个敏感而才能出众的孩子最好不要去寄宿学校，在极端情况下，甚至最好不要去学校。

第十八章　大学　226

不应该强制学生学习，但如果发现他们浪费时间，无论是由于懒惰还是由于缺乏能力，都不应该让他们继续留在学校里。

第十九章 结论 235

在无所畏惧的自由环境中受过教育的一代人，将比我们拥有更广阔、更大胆的希望。

导读 教育的力量

王利平

北京大学教育学院副教授

此书是罗素为长子和女儿所写的教育心得，写作此书时，罗素正经历初为人父的喜悦和成就感，他不仅相信自己的孩子与众不同，也对实验一种新的教育跃跃欲试——罗素和第二任妻子多拉（Dora Russell）创办了一所学校，让他们的孩子能够受到他们所认为的最好的教育。[1] 本书发表于 1926 年，标题是《论教育，尤其是幼儿教育》(*On Education, Especially in Early Childhood*)，至今畅销不衰。全书依教育理想、品性教育和智力教育的顺序，先阐发教育的宗旨，接着讨论了漫长的儿童时期的品性培育，逐渐过渡到青少年时期的智力教育；书中他多处评论蒙台梭利的教学方法。

---

[1] 1927 年，他们招收了 20 名与长子约翰（John Conrad Russell，1921 年出生）和女儿凯特（Katharine Jane Russel，1923 年出生）年龄相仿的孩子，租用了哥哥的泰利格拉弗宅作为校舍，创办了比肯山学校（Beacon Hill School）。罗素 1927 年办学的过程可以参考：罗素：《罗素自传 第二卷（1914—1944）》，《罗素文集》第 14 卷，陈启伟译，北京：商务印书馆 2012 年版，第 237—242 页；以及凯特为父亲写的传记：Katharine Tait, *My Father, Bertrand Russell*, New York and London :Harcourt Brace Jovanovich, 1975, pp.69–99.

罗素大体不喜卢梭,他反对卢梭的民主教育原则,认为教育一定要因人而异,且在"异"中尤为坚持智识能力的高下。尽管如此,罗素《论教育》的体例却和卢梭的《爱弥儿》多少有相似之处。和进步主义时期杜威的教育思想相比,罗素接受的是维多利亚时代的贵族教育,虽然他自认是一位新教育的实践者,也不得不承认他对"很小的孩子进行教育的那些方法是过于严格了"。[1]罗素认为英国的"贵族"时代已经逝去,贵族教育培养出来的僵硬的习性和自以为是的骄傲和现今工商业"财阀统治"(plutocracy)主导的现实世界之间已经脱节。在本书中他论教育口吻是相对乐观的,但与杜威相比要更加内敛和传统,他对自己的教育经历带着反思和嘲讽式的认同。他对寻求"客观"的而不是"主观"的教育意义的认同,对节制而非泛滥的情感培养的寄托,对无用的知识之于智识成长的肯定,无一不显示出贵族教育的影响,甚至渗透在他对精准的逻辑和语言风格的刻意追求中。

本书发表时值两次世界大战之间,战争造成的毁灭性伤痛可以说弥漫在字里行间。和同样目睹了战争创伤的威廉·詹姆斯(William James,1842—1910)一样,罗素表达了对意志、

---

[1] 这句话引用自罗素:《罗素自传 第二卷(1914—1944)》,《罗素文集》第14卷,陈启伟译,北京:商务印书馆2012年版,第236页。

导读 教育的力量

纪律、精神等"兴奋剂"式的教育动力的疑虑，这尤其体现在本书第二部分对教育目的的讨论。[1] 罗素问：教育是旨在培养亚里士多德所言的"宽宏大量之人"，还是阿诺德博士所言之"谦卑的心灵"？此处的阿诺德博士是 20 世纪初人文主义教育思想家马修·阿诺德（Matthew Arnold，1822—1888）的父亲托马斯·阿诺德（Thomas Arnold，1795—1842）。托马斯·阿诺德在 19 世纪 20 年代改革英国的公立学校，把历史、数学和现代语言引入公立学校，但是反对把物理引进公立教育，他自己在学校中教授的则是古典语言。罗素本人并不主张恢复传统的古典教育，他认为自己的古典文法训练浪费了大量时间，追求教育的实用性是不可违逆的时代潮流。然而，他认为古典教育中那富有美感的智识上的怀疑主义——对知识的陶醉和自得，却是有益的。现代人往往看不到传统教育中的仪式化和内在智识的陶冶并不是无法兼容的。"彬彬有礼的怀疑主义是受过教育的成年人所应有的态度；任何事情都可以讨论，但妄下结论就有点俗不可耐了。"（见本书第 31 页，以下皆为本书页码）罗素引用了卡莱尔对柏拉图的雍容风度的称赞，他认为这

---

[1] 威廉·詹姆斯对教育中意志、纪律等元素的作用的讨论，参见：William James, *Talks to Teachers on Psychology and to Students on Some of Life's Ideals*, Cambridge: Harvard University Press, 1983.

种风度在中国古代圣贤身上也有，但在基督教文明中恐怕只能在像歌德这样具备"享受生活"和"敏锐的美感"的少部分人身上找到。与之相比，现代人生活得过于信念化了；与西方文明源头雅典人"充满激情的信念"相比，罗素更为肯定中国人"消极而文雅的怀疑主义"（第32页）。看一看现代社会的技术成就，我们不难发现，信念的确能够带来进步。但是，"一战"向世人证明，信念也会带来灾难。罗素说，现代日本代表了所有大国在现代的一种倾向，以"国家强盛作为教育的最高目的"，这种信念只有在"绝境"中才是合理的（第33页）。如果将教育看作恒久的事业和绵延的日常，亢奋的信念恰恰无所着力。

大约在罗素写作本书二十年前，詹姆斯完成了著名的《致学生的讲话》（Talks to Students，1899），其中提到了美国学生夸张的表情和因亢奋而焦虑的状态。[1] 在美西战争的阴影下，詹姆斯针对西奥多·罗斯福的《艰苦卓绝的生活》（The Strenuous Life，1899年4月10日）写作了《战争的道德等价物》（The Moral Equivalent of War，1910）一文，对战争鼓动起

---

[1] William James, "The Gospel of Relaxation," in William James, *Talks to Teachers on Psychology and to Students on Some of Life's Ideals* (pp. 117–131), Cambridge: Harvard University Press, 1983.

导读　教育的力量

来的"单纯的好斗和对荣耀的热爱"（pure pugnacity and love of glory）予以尖锐的抨击。[1] 战争让詹姆斯重思自由意志的问题。与意志力相比，他更加重视人的潜意识，重视人对他人命运的感受。如果教育对我们还能有所裨益的话，它应该在此时倡导一种不同的信念，不再诉诸于力的较量。詹姆斯本人找到了华兹华斯抒情诗中涌现出来的对情感的感受力与自然感通的能力。[2] 二十年后，罗素同样批评了被战争调动起来的亢奋，他始终认为，对智识的合理合度的欣赏和运用是人类居于各种命运而不被颠覆的根本。他说，教育应该产生这样一种信念：知识在一定程度上可以获得，虽然可能困难重重；知识本身是有限制的，但它的错误可以通过谨慎和勤奋来纠正；我们应该依据自己的信念来行动，但是要警惕，因为我们时刻可能犯错误；尽管如此，仍然要按照信念来行动。对智识的审慎而坚定的信念，正是罗素接受的贵族教育的产物，而在现代社会要维持这种心态很困难，它需要满足两个条件："高度的智识"和"保持情感不萎缩"（第34页）。

1　William James, "The Moral Equivalent of War," in William James, *Memories and Studies* (pp.265–296), New York: Longmans, Green, and Co., 1911, p.268.

2　William James, "On a Certain Blindness in Human Beings," in William James, *Talks to Teachers on Psychology and to Students on Some of Life's Ideals* (pp. 132–149), Cambridge: Harvard University Press, 1983.

罗素说，长久以来，斯巴达式的贵族政治讲求"德性"教育，"牺牲仁慈以换取强硬；抑制想象力，为了更坚定"（第36页）。英国的公立学校培养的士绅需要具备这些品质，然而现实中工商业世界的发展超越了传统的政治智慧，罗素因此提出现代社会需要"更富于想象力的同情心，有更多富于理智的灵活性而少一些匹夫之勇，以及有对技术知识的信仰"（第36页）。如果要让教育不堕入一种装饰的话，我们必须纳入实用性的原则。然而现代人的悖论在于，"人宁肯为微薄的报酬而终日辛苦工作，也不愿死去，而动物则及时行乐，哪怕以死为代价"（第16页）。与无法快乐相比，现代人期待活着的底线是不能短命，物质的不幸可以借由技术而降到最低，大多数人可以忍受毫无乐趣的生活。但是假如人为了挣得闲暇和健康而工作，但对如何利用闲暇和健康毫无知识，那又有什么意义呢？

正因如此，罗素徘徊于古今教育之间，而这种裂隙也表现在他对儿童成长和青少年求知两个阶段不同的着眼点上。身为维多利亚时代教育的产物，罗素批评利用"抽象的意志力"来控制人的不良的欲望，将活力——人对外部世界活跃的兴趣——列为教育首先要培养的优秀品质。历史上的伟大人物，比如牛顿和洛克，如果在童年拥有更多身心活力的话，将会更加杰出。他尤其提到了作为教育典范的小密尔（John Stuart Mill, 1806—1873）的例子。这位三岁就修习希腊语的小神童是一个孤独的聪明小孩,青少年时期差点自杀,因为他认为所有的音符组合总有一天会用完,就再也创造不出音乐了。在小密尔的求知道路上,不可逾越的是老密尔的榜样,他永远笼罩在面对父亲的怯懦中,凡是遇到有可能挑战他父亲的地方,都像受惊的小马一样躲开。罗素回顾说,自己在十六岁以前是单独教育的产物,缺乏同伴的乐趣。他还想过力学定律控制了他身体的运动,使得自由意志成为一种错觉;因为受困于这样的问题,甚至有过自杀的念头。直到和同龄人相遇时,他才发现自己是个不折不扣的书呆子。

因此,罗素在本书篇幅最长的讨论儿童教育的章节中指出,传统教育的确扼杀了人的生命力,抽象的道德训诫诉诸于羞愧和耻辱这样的消极情感,只是制造了表面的勇气。他说,克服恐惧不仅要在行动上,而且要在感情中,不仅要在有意识的感觉中,也要在无意识的感觉中,从而形成一种不来源于压制的勇气。其中需要相当的健康和活力,还需要自尊和非个人的人生观(impersonal outlook on life,第45页)。让人放弃快乐的禁欲观念只会消磨健康和活力,让欲望以隐晦的方式来表达,"最后改头换面而以对罪恶的憎恨或某种似乎值得尊敬的东西的名义出现"(第28页)。这是现代社会诸多人格扭曲的根源。人在社会中追求美好生活不应该是服从一种消极的规则,而是"扩大和发展自然的欲望和本能"(第46页)。要看到，人性中有些东西可以让我们不费吹灰之力地超越自我，其中最普遍的就是爱，尤其是父母之爱，还有对知识和艺术的爱。人对身外之物的兴趣，使他的生活在某种程度上超出个人情感，因此完美的勇敢体现在一个兴趣广泛的人身上，不是通过轻视自己，而是珍视许多身外之物，意识到自己只是广大世界的一小部分。只有当天性自由而理智活跃时，人才能够遵从内心的生活，不再只是反射他人感受和言论的镜子。

在罗素看来，当孩子问死亡是什么时，最好告诉他死亡是永不苏醒的沉睡——不要像卢梭在《爱弥儿》所宣称的那样，用斯多亚式的死亡教育培养孩子面对生老病死的沉静态度，更不要反复跟孩子说童年是一生中最幸福的时期，这样很可能会让他觉得余生了无乐趣。儿童的生活应该是光影朦胧的，它是面向未来的，如果是面向过去的话，就是从源头上榨干了孩子的生命力。大部分孩子认为，大人们肯定非常快乐，因为他们不用上课，还可以吃他们喜欢吃的东西（第88页）。这种信念本身是健康和值得激励的。

同样，罗素反对弗洛伊德那种将成年人的欲望世界加诸于儿童的做法，他认为童年最重要的冲动不是性，而是对成为大人的渴望，即获得权力的意志。教育的秘诀在于教给人各种技能，让他能够有效地运用他的本能。如果权力意志被扼杀在萌芽状态的话，孩子就会变得很无趣，"既不做好事，也不做坏事",他会成为"上帝或他的敌人都不喜欢的人"(第99页),这种懦弱的善良只会培养懦弱的庸人。但他也批评英国上层教育对竞争性游戏的过度强调,过分看重出色的技能,在其中,"最优秀的玩家们就会较劲比拼,而其他人则容易沦为看客"(第97页)。在罗素看来,弗洛伊德所说的俄狄浦斯情结并不表征儿童特定的生理阶段,而往往来源于父母对子女的情感回应的过度渴望:父母为了自己的快乐,延长孩子不能自理的时间,并推迟孩子可以脱离父母指导的那一天的到来(第146页)。这并不意味着父母不应该亲吻和爱抚孩子,孩子有权利从父母那里得到温暖的爱。"这种爱给予他们乐天、无忧无虑的世界观,对其健康的心理发展至关重要"(第148页)。但是,它应该像水、空气和食物一样,对孩子来说是自然的,是无需回应的。孩子与父母之间的纽带是天赋而牢固的,这和他主动追求的同伴友谊大为不同。父母应该成为一个背景,不应该让孩子以取悦父母的方式来行动。对于父母来说,孩子的回应"就像春天的好天气一样",它来了就来了,是悄然降临的喜悦。这样的关系中,孩子将逐渐意识到父母爱他们,"但这应该被作为一个自然的事实来接受"(第149页)。简而言之,父母的行为以孩子为考量,而孩子的行为必须以他自己和外部世界为考量。

因此,罗素认为儿童应该沉浸在爱中,没有回报的忧虑——这听起来多么以儿童为中心！但罗素更强调的是，要让孩子能够在快乐的本能和技能的获得中形成建设外部世界的意愿，这是他不同于同时代各类感伤主义的儿童中心论调之处。人需要适当的教育才能按照本能生活，"这是一种经过训练和驯养的本能，而不是纯自然的、原始的、未成熟的冲动"（第110页）。本能的伟大驯养者是技能（skill）。建设和破坏都能带来权力意志的满足："当我们增加我们感兴趣的系统的潜能时，我们就在建设，当我们削弱它的潜能时，我们就在破坏。"（第102页）如罗素所说，当我们生产一个预先设计好的结构时，我们在建设；当我们释放自然力来改变一个现有结构，而对由此产生的新结构不感兴趣时，我们就在破坏。现代社会培养了多少制度的批判者和解构者，他们当中又有多少对成就一个好的制度没有太多兴趣和想法，而只对破坏有快感？罗素的批评可以说一语中的。罗素称之为用心理建设来代替现实建设的人，在那个时代以无政府主义和回归自然的倡导者为代表。与此同时，还有无数人止步于用各种各样的思想教条来麻痹自己，像在孤儿院一样，"随时准备用安全感来换取奴役"。在罗素看来，"自由的精神生活需要真正的建设能力，不可能像被信条包围的生活那样温暖、舒适和友善；只有信条才能给人一种暴风雪肆虐时自己端坐炉边的舒适感觉"（第54页）。

导读　教育的力量

从快乐本能谈论到建设，罗素也逐渐从儿童教育迈入了智识教育。不管罗素多么强调爱的教育，他始终将智识视为教育的核心。智识令人具有现实感。如果只对孩子讲温情与爱，会带来两种危险：其一，这有可能只是培养建立在无知之上的"遁世的美德"（第152页），这样的年轻人一旦发现世界上有邪恶之事就很容易欣然走上邪恶之路；其二，他们可能只是在言辞上相信爱心，于是教育将冒着培养出言不由衷和虚伪的人的风险。这意味着，必须让孩子知晓罪恶的存在，罪恶不是如"巨人杀手杰克"那样的幻想剧，如果孩子无法建立恶的实感而停留在幻想之中的英雄屠龙的话，从中获得的快乐只和"野蛮的本能有关"（第154页）。但这些只是一个弱势孩子无害的游戏冲动罢了，而且随着年龄的增长，它们往往会消失。要建立对恶的正义感，就要始终给孩子一个感觉：罪恶是可以战胜的，它是无知、缺乏自我控制和不良教育的后果。"我不鼓励孩子对作恶者愤愤不平，而是要把他们看作不懂得什么是幸福的笨蛋。"（第156页）换言之，罗素相信理智的人会从情感上厌恶罪恶，要相信教育的力量。

罗素在论述十三四岁以后青少年教育的色调相当冷峻而理性，与儿童教育篇中的脉脉温情对比鲜明。在童年篇中，他多次回顾自己与子女相处的情形，包括孩子迫不及待地等候父亲归来的情节。在罗素笔下，父母爱孩子就像爱自己的脚趾一样,孩子见到母亲受伤就像自己受伤一样地感同身受,这种自然的利他情感就是爱。当孩子进入青少年阶段,智识教育逐渐在他们的生活中占据主导。那么在此时,我们需要明了,智识为什么对人的成长如此重要?又应该以何种方式追逐智识?

罗素说,年轻人有太多的美德需要培养,其中包括好奇心、开放的心态、相信知识虽难获取但却可得的信念、耐心、勤奋、专注以及精确——所有这些品质都和求知有关。而年轻人所具备的得天独厚的求知条件,在于非功利的好奇心,这是年轻人的天然品质。罗素说,在青年时期,威廉·詹姆斯在《信仰的意志》(The Will to Believe,1896)一文中所说的"不由自主的选择"(forced option)要少得多,在对待真理的问题上,他们还不需要非此即彼地做出终身的选择,因此运用"信仰的意志"(will to believe)的机会也就少得多。[1]此时,应该鼓励年轻人把每一个问题都看作是开放的,并且不惧于推翻以前的自己。青少年时期人的思想是自由的,而行为上还是半依

---

1 詹姆斯认为人的一些选择并不是非此即彼,如对于一个人可以有三种态度:爱、憎或漠不关心,而人对于真理的信仰却必须在相信和不信之间选择,因此它并不完全以人的理性为前提。这种对信仰的选择,被詹姆斯称作"不由自主的选择"。参见:William James, "The Will to Believe," in William James, *The Will to Believe and Other Essays in Popular Philosophy* (pp. 1–31), New York: Longmans Green and Co. 1912.

赖的阶段，思想的自由和行为上不完全的自由，恰恰使得这个阶段在智识的探索上尤为重要。

智识的重要性还在于要在年轻人心目中建立起真正的英雄观。罗素认为，在十四岁前的学校课程和历史教育中，对孩子来说，真正的英雄不应该是短暂的建立霸业、征服世界的人，而应该是那些身体力行驱散内部和外在的黑暗的人，如佛陀、苏格拉底、阿基米德、伽利略和牛顿，以及所有帮助我们战胜自己或征服自然的人（第199页）。对真理的追求长久以来激励着人将自己生活的世界变得更好。

求知的道路是漫长而艰辛的，理智德性要求教育不应该在每一个阶段都软绵绵的，轻松又愉快。事实上，精确的知识往往是令人厌烦的。理智会衬托出泛滥情感的廉价。罗素说，要培养孩子更加稳健的理智德性，就要从他们的阅读兴趣开始，不应该给他们写一些愚蠢而煽情的东西。煽情（sentimentality），无论是对待儿童还是其他事情，都是惺惺作态的同情心（dramatic sympathy）的拙劣表现。我们不需要哄着孩子，因为没有一个孩子认为幼稚是迷人的，他要的是尽快像成年人那样行事。儿童读物不能以幼稚的方式展现成年人居高临下的乐趣。他甚至说，现代儿童读物中矫揉造作的愚蠢令人厌恶。最适合开发儿童阅读能力的，是那些虽然为成年人写，却碰巧适合孩子的书，比如丹尼尔·笛福（Daniel Defoe）

的《鲁滨逊漂流记》、爱德华·利尔（Edward Lear）的《信口开河》（*A Book of Nonsense*）和刘易斯·卡罗尔（Lewis Carroll）的《艾丽丝漫游奇境记》（*Alice's Adventures in Wonderland*）。

当孩子进入十四岁以后，如果他有幸具备体验爱的能力，又没有一颗娇弱的需要哄骗和安慰的心灵，就有必要进行专门的分科别类知识的学习了。而对于高年级的学生来讲，智识和现实之间的关系会更加尖锐地表达出来。此时，要注意，回避和鼓吹热点问题同样是不可取的。一方面，要让学生觉得学校教育没有脱离现实世界，他们所受的教育使得他们有能力处理社会关注的问题；另一方面，教师需要相当的智慧，不将自己的观点强加给学生。应该用科学态度对待实际问题，让学生明白"论断是论断，事实是事实"（第211页）。可惜，这种习惯在政治上少而又少。罗素认为他身处的时代，大部分人无法面对现实而摇摆在两极：要么沉浸在各种迷思（myth）的茧房中，在其中"高枕无忧、不被质疑"（mentality peacefully slumbers）；要么认为现实世界不够美好，被一种歇斯底里的情绪激昂（或译作"癔症"，hysteria）所激发，倾向于在想象的世界中寻求庇护（第211—212页）。而这一切都是因为，人们没有培养起足够的智识能力，总是希求不费吹灰之力就能满足愿望，这是人性的普遍弱点。后期学校教育中要实现的一个重要目标，就是对抗这种弱点。要实现这一点，一要提升我们对自己在现实世界中能取得何种成就的感觉（sense），二要清醒地感受到何种现实才能破除我们的幻想，这让我们能够客观地生活，而不是主观地生活。教育是让人更加客观地认识更大的世界，而不是像堂吉诃德那样维系自己认定的习惯（habit of deeming）。

罗素自认对智识的信仰是他那一代所受的贵族教育的精华，尽管他对贵族教育有很多批评。但进入20世纪，贵族教育被归为精英教育，对智识的信仰还能走多远呢？在比较了法国和英国的教育以后，罗素认为法国人比英国人更"唯智"，他们让最聪明的孩子去高等师范，不再和一般孩子一起上学，这么做防止智力超群的孩子精神崩溃，成为庸人的马屁精，就像在英国经常能看到的那样。智力超群的孩子如果淹没在众人中，会遭受到很大的压力和痛苦。但这种让聪明人聚集在一起的做法，使法国知识分子在以后的生活中与普罗大众隔离开来，他们不太能够理解普通人。与之相比，英国的教育更为贵族化，上层社会的游戏规则折磨所有智力超群或道德高尚的男孩，除非他们碰巧也擅长游戏。显然，罗素认为对智识卓越的追求和上层社会的社交规则在英国的贵族教育中并不总是和谐的。

如果说罗素对儿童教育的讨论是具体而详实的，他对大学教育的讨论却似逐渐褪入迷雾之中。他说，整个17—19世纪英国大学提供的都是"绅士教育",但这种教育过时了,因为它依赖贵族政治,无论在民主政治还是在工业财阀统治下都不能兴盛。贵族政治在英国已因《改革法案》(the Reform Bill)的通过和《谷物法》(the Corn Laws)的废除而解决了,在美国则由独立战争解决了。英国的贵族政治实际已经徒有其表,其精神是财阀政治的。当商人把孩子送入牛津大学,这些年轻人很快就厌倦了商业,陷入经济拮据不得不自谋生计的境地。大学因此逐渐回归到中世纪所占据的地位,它们正在成为职业学校,培养律师、牧师、医生和高级公务员。技术侵占了纯粹学问的领地,财阀们并不在乎"文化"。罗素并没有在文化的主题上过多展开,但他的讨论暗合马修·阿诺德的主张,即文化不仅是人类学意义上的共同的生活方式,更是"古往今来人们所思所想之最佳者"。[1]纯粹的学问便是与此完人理想相关,罗素说它是与贵族政治相关的最好的东西。而此种对完人理想的追求在财阀时代就成了无用之学,它的残留仅仅是因为人们对虚荣的文化点缀的需要还未消亡。

---

[1] 马修·阿诺德对文化的定义出自 Matthew Arnold, *Culture and Anarchy*, ed., J. Dover Wilson, Cambridge: Cambridge University Press, 1960, p.70. 艾略特(T. S. Eliot)在《关于文化定义的札记》中同样区分了人类学意义上的文化和完美人格意义上的文化。参见 T. S. Eliot, "Notes Towards a Definition of Culture," *Partisan Review*, Vol. 11, No. 2, 1944, p.145.

导读 教育的力量

罗素在本书的最后提出的问题便是：大学是否仍然能成为维系文化的力量，是否仍然值得追求纯粹的学问？如果现下的大学必须同时追求无用之学和与整个社会生活相关联，我们应该怎么做？罗素没有给出明确的回答，对这一问题，或许他也无法回答。和杜威一样，他强调，必须建立一个受过教育的民主制度来对抗财阀政治，因为财阀集团不是文化的承载者。只有民主社会愿意把公共资金投入到工业巨头无法欣赏的事务上，这样才能让学者摆脱对富人的附庸心态，而学术团体应该依靠公共力量而不是富人的捐助——这无疑是对美国制度的批评。但对民主社会如何来承载文化理想这一问题，除了批评，罗素或许有太多无法言述之处。他在自传中说，自己是一个爱国者，所以英国的衰落令他沮丧，然而英国以往400年的历史就在他的血脉中，他希望能够将这份"公益精神"（public spirit）——文化馈赠——传给儿子，但在他可预见的未来世界中，"这个传统将不复有其存在的余地"（there will be no place for this tradition）。[1] 作为从贵族教育到精英教育盛衰的身历者，罗素看到"世界正迈入一个黑暗的时期"，他将自己的处境类比于罗马灭亡时的圣奥古斯丁，或者查士丁尼时代的异教徒，

---

[1] 罗素：《罗素自传 第二卷（1914—1944）》，《罗素文集》第14卷，陈启伟译，北京：商务印书馆2012年版，第248页。

然而他们的幸运之处在于始终秉持对理智的信念。在这一点上，罗素要懊丧得多，他承认自己沾染了"最现代的思想中一种销毁伟大思想体系（甚至是晚近的体系）的腐蚀剂"。[1]由此，他对现代社会带着不得不同情的态度。罗素《论教育》因此结束于一种模糊的愿景：让我们回到知识原初的吸引力，它令我们"专注于捕捉他最初模糊看到过的事物，并使之永恒，这是他如此挚爱的东西，相比之下，尘世的快乐都显得苍白无力"（第232页）。

---

[1] 罗素：《罗素自传 第二卷（1914—1944）》，《罗素文集》第14卷，陈启伟译，北京：商务印书馆2012年版，第250页。

论教育

引　言

　　世界上一定有许多父母和本文作者一样，有年幼的孩子，渴望尽可能地把孩子教育好，但又不愿意让孩子接触大多数现有教育机构的弊端。这类父母所面临的困难，靠势单力薄的个人努力无法解决。当然，他们可以通过家庭教师或私人教师的帮助在家里教育孩子，但是这种方式剥夺了孩子天性所渴望的同伴关系，没有这种同伴关系，教育的某些基本要素就会缺失。此外，让一个孩子觉得自己"古怪"或者与其他孩子有明显的不同，是极其糟糕的；这种感觉，如果追根溯源到父母身上，大概率会激起孩子对父母的怨恨，令他们偏要爱上父母最讨厌的东西。有责任心的父母出于这些考虑，可能会把孩子送到他明知有严重缺陷的学校，仅仅是因为他觉得现有的学校都无法令人满意——或者，即使有令人满意的学校，也不在附近社区内。因此，对于那些有责任心的父母，教育改革刻不容缓，这不仅是为了社会的利益，也是为了他们自己孩子的利益。如果父母是富裕阶层，要解决他们的个人问题，并不需要所有的学校都是好学校，而只需在附近有一些好学校即可。但是，对于工薪阶层的父母来说，除了广泛的小学改革之外，其他方式无法解决问题。由于有些父母可能会反对另一些父母所希望的改革，除了大力进行教育宣传外别无他法，而这种宣传可能要到改革者的孩子长大很久之后才能被证明是有效的。因此，出于对自己孩子的爱，我们不得不一步一步踏入更广阔的政治和哲学领域。

在接下来的篇章中，我希望尽可能远离这个更广阔的领域。我要说的大部分内容，并不取决于我对我们这个时代的重大议题所偶然持有的观点。但是，这方面的讨论要完全独立是不可能的。我们希望孩子们接受的教育，必须建立在我们对人性的理想和我们对他们在社会中所能扮演的角色的期望之上。和平主义者不会希望他的孩子接受在军国主义者看来很好的教育；共产主义者的教育观也不会与个人主义者的教育观相同。一个更基本的分歧是：认为教育是灌输某种明确信念的手段的人，和认为教育应该培养有独立判断能力的人，是不可能达成一致的。回避这些相关问题徒劳无益。与此同时，心理学和教育学中有相当多的新知识与这些根本问题无关，却与教育密切相关。这些新知识已经产生了非常重要的成果，但在其被完全吸收之前，还有许多工作要做。在人生的头五年尤其如此，这段时间的重要性远超人们以前所认为的，这要求相应提高父母教育的重要性。我的目标和意图是尽量避免有争议的问题。在

图1　罗素与儿子和女儿在一起。1921年11月，罗素的长子约翰出生；两年后，女儿凯特出生。随着两个孩子渐渐长大，罗素对教育问题越来越有兴趣

某些领域，论战性写作是必要的，但面向父母论述时，我们只需假设他们对子女的幸福抱有真诚的愿望，而仅凭这一点，再加上现代知识，就足以解决大量的教育问题。我要阐述的是关于我对自己孩子的困惑的思考，因此，这些见解既不遥远，也不抽象，我希望其他面临同样困惑的父母无论是否同意我的结论，这些内容都可以帮助他们厘清思路。父母的观念极其重要，因为，要是父母缺乏专业知识，他们往往会成为最好的教育者的累赘。如果父母希望他们的孩子受到良好的教育，我相信，并不缺乏愿意并且能够提供这种教育的教师。

在接下来的篇章中，我打算先探讨教育的目的，即我们可以合理地期望，对于目前素质的孩子们进行教育，能培养出什么样的个人，造就什么样的社会。我将忽略通过优生学或任何其他自然的或人为的过程进行人种改良的问题，因为这基本上不在教育问题的范围之内。但是，我非常重视现代心理学的发现，这些发现往往表明，早期教育在很大程度上决定人的品性，其程度远比前几代最热心的教育家所认为的还要大。我把品性教育和知识教育区分开来，后者在严格意义上也许应称为教学。这种区分是有用的，尽管不是终极性的：学生要获得知识必须具备某些美德，而要成功地实践许多重要的美德，则需要大量的知识。然而，为了便于讨论，教学可以与品性教育分开。我首先谈谈品性教育，因为它在人生早期特别重要，但我的讨论将贯穿至青少年时期,并在这个标题下讨论到性教育。最后,我将讨论智力教育,它的目标、课程和可能性,从最初的阅读和写作课到大学阶段。我认为人们从生活和世界中获得的进一步教育不在我讨论的范围之内;但是,使人们有能力从经验中学习,是早期教育最应重视的目标之一。

第一部分
教育的理想

Educational Ideals

第一章 现代教育理论的基本原理

即使阅读的是过去最好的教育论文，人们也会意识到教育理论现在已经发生了某些变化。19世纪以前，教育理论的两位伟大改革者是洛克和卢梭。他们两人名不虚传，因为他们都驳斥了其写作的那个时代普遍存在的许多错误观点。但他们两人没有像几乎所有现代教育家那样，在自己的研究方向上有更大作为。例如，尽管两人都有自由主义和民主的倾向，但他们都只考虑贵族子弟的教育，而这种教育需要一个教育者投入他所有时间和精力。不管这种教育制度多么有效，具有现代观点的人都不会认真考虑它，因为从数据上讲，不可能每个孩子都占用一个成年家庭教师的全部时间。因此，这种制度只有特权阶层能使用，在一个公正的世界里，它是不可能存在的。现代人虽然在现实中也可能为自己的孩子谋求特殊利益，但他们认为只有采用某种对所有人开放，或者至少对所有有能力从中受益的人开放的教育方法，才能解决这个理论问题。我的意思并不是说，富人应该立即放弃现行社会里尚未人人拥有的教育机会。那样做就是为了公平而牺牲文明。我真正的意思是，我们

第一章 现代教育理论的基本原理

致力建立的未来的教育制度，应该能让每个孩子都有机会获得最适合的教育。理想的教育制度必须是民主的，尽管这种理想不能立即实现。我想，这一点在今天已经得到了相当普遍的认同。在此意义上，我将继续关注民主。无论我所提倡的是什么，都将是具有普遍性的；不过，如果父母有足够的能力和机会让孩子获得更好的教育，他就不应该在普遍的教育弊端中牺牲自己孩子的利益。在洛克和卢梭的著作中，甚至连这种最起码的民主原则都没有。虽然卢梭怀疑贵族制度，但他从未意识到他的怀疑在教育方面意味着什么。

澄清民主和教育的关系至关重要。坚持绝对的统一性将是灾难性的。有些孩子比其他孩子更聪明，可以从高阶的教育中获得更多收益。有些教师受过培训，或者比其他教师更有天赋，但是不可能每个人都由少数几个最出色的教师来教。即使人人都向往接受最高的教育（我对此表示怀疑），目前也不可能人人都能获得，因此，对民主原则的粗暴应用可能会得出这样的结论：没有人应该接受最高的教育。这种观点如果被采纳，对科学进步将造成致命的打击，并使今后一百年的教育水平降到不必要的低水平。目前不应该为了机械的平等而牺牲进步；我们必须谨慎地对待教育民主，以便在这个过程中尽可能少地破坏那些碰巧与社会不公正联系在一起的有价值的成果。

但是，如果一种教育方法不能普及，我们就不能认为它是令人满意的。富人的孩子除了他们的母亲之外,通常还有一个女仆、一个保姆,以及家里其他可差遣的用人;然而在任何社会制度下,都不可能给予所有的孩子这样的待遇。被精心照料的孩子是否真的会因为这种不必要的依赖他人的生活而受益,很值得怀疑,但无论如何,没有一个公正的人会建议给少数人特别优待,除非有特殊原因,比如孩子有智力障碍或是天才。今天,明智的父母在有能力的情况下,可能会为孩子选择一些实际上并不普遍的教育方法。为了试验的目的,父母们应该有尝试新方法的机会。但是,如果这些方法能产生良好的效果,也应该是可以普及的方法,而不是那些从本质上专属于少数特权阶层的方法。幸运的是,现代教育理论和实践中一些最优秀的元素有着极其民主的起源。例如,蒙台梭利女士的工作始于贫民区的幼儿园。在高等教育中,为有特殊能力者提供特殊机会是必要的,但除此之外,没有理由认为任何一个孩子接受面向大众的教育制度就是吃亏受损。

在教育领域还有另一种现代趋势,它与民主有关,但也许在某种程度上更值得商榷——我指的是使教育有用而不是只具装饰性的趋势。凡勃伦的《有闲阶级论》[1]对装饰性与贵族的联

---

[1] 伦敦乔治·艾伦-昂温有限公司(George Allen and Unwin Ltd.)出版。——作者原注;若无特殊说明,均为作者原注

系进行了深入的阐述，但我们所关心的只是这种联系的教育方面。在男性教育方面，这一问题与古典教育和现代教育之间的争论密切相关；在女性教育中，则是"淑女"的理想与培养自立女性的愿望之间冲突的一部分。但是，就女性而言，整个教育问题都被性别平等的愿望扭曲了：人们一直试图让女性获得与男性相同的教育，即使这种教育本身并不好。结果，女性教育者的目标是教给女孩"无用的"知识，就像教给同阶层的男孩的一样，并且强烈反对"为人母的技能培训是女性教育中应该有的一部分"这一观念。这些相互矛盾的思潮使得我在某些方面考虑到的教育趋势在与女性教育有关的方面不那么明确，尽管"淑女"理想的衰落是这种趋势最值得注意的例子之一。为了避免混淆这个问题，我暂且将讨论局限于男性教育。

许多不同的争论，以及它们所引发的其他问题，都部分地取决于我们目前讨论的问题。男孩应该以学习古典学科为主还是以学习科学为主？在对此问题的诸多考虑中，一个因素是，古典学科是装饰性的，科学是有用的。教育是否应该尽快成为某些行当或职业的技术培训？有用与装饰性之争虽然不是决定性的，但也是相关的。应该教孩子们正确发音和举止得体吗？还是说这些仅仅是贵族的遗产？除非你是艺术家，否则艺术鉴赏还有其他价值吗？拼写应该符合语音学吗？所有这些以及其他许多争论，部分来说都是有用和装饰性之间的争论。

尽管如此，我认为整个争论都是脱离现实的。一旦我们对术语加以限定，争论就会烟消云散。如果我们广义地解释"有用的"，狭义地解释"装饰性的"，那么一方有理；在相反的解释中，则是另一方有理。从最广泛和最准确的意义上说，当一项活动产生好的结果时，它就是"有用的"。而且这些结果必须在某些其他意义上是"好的"，而不仅仅是"有用的"，否则我们就没有真正的定义。我们不能说一项有用的活动就是产生有用结果的活动。"有用"的本质在于它有助于产生一些不仅仅是有用的结果。有时，在最终的结果达到可以简单地称为"好"之前，需要一系列的结果。犁是有用的，因为它能犁地，但犁地本身无所谓好坏，它之所以有用，只是因为它能使种子得以播种。播种有用，因为它可以生产粮食，粮食有用，因为它可以生产面包，而面包有用是因为它能维持生命。但生命必须具有某种内在价值：如果生命仅仅是对其他生命有用的一种工具，那么它就根本没有用处。生命可以为善，也可以为恶，视环境而定，因此，当它是通往美好生活的手段时，它也可以是有用的。我们必须在某个地方超越那根连续不断的功利链条，找到一个固定点，挂起链条；否则，链条上的任何一个环节都没有真正的用处。当"有用"被这样定义时，教育是否应该有用就不存在争议了。教育当然应该有用，因为教育的过程是达到目的的一种手段，而不是目的本身。但这并不完全符合

第一章　现代教育理论的基本原理

教育实用论倡导者的想法。他们竭力主张教育的结果应该是有用的：简单地说，他们认为一个受过教育的人就是一个知道如何制造机器的人。如果我们问机器的用途是什么，答案最终是它们为人们生产必需品和舒适品——食物、衣服、房子等。因此，我们发现实用论的倡导者——在某种意义上其观点值得怀疑——认为只有物质满足才有内在价值：对他来说，"有用的"是帮助我们满足身体的需要和欲望的东西。如果以上是实用论者的本意，那么在一个饿殍遍野的世界里，他作为一个政治家可能是对的，因为在那种情况下，物质需求的满足可能比其他任何事情都更为紧迫，但如果他们是在阐明一种终极哲学，那么他们大错特错。

在考察这一争论的另一面时，也需要进行大致相同的剖析。把另一面称为"装饰性"，当然是对实用论者的一点让步，因为"装饰性"理解起来或多或少是有点微不足道的。把"装饰性"这个词用在传统的"绅士"或"女士"的概念上是很合适的。18世纪的绅士说话带着优雅的口音，在适当之处引经据典，穿着时髦，懂得礼节，知道什么时候决斗能提升自己的声望。在《夺发记》[1]中有一个人，他"带着适度显示虚荣的琥

---

[1] 18世纪英国诗人蒲柏（Alexander Pope，1688—1744）的一首著名的仿英雄体叙事诗。——译注

珀鼻烟盒，举止优雅地拄一根云纹手杖"。

他所受的教育是一种最狭义的装饰性教育，而在我们这个时代，很少有人富裕到能够享受这种教育。传统意义上的"装饰性"教育的理想是贵族式的，它以一个富有而不需要工作的阶级为前提。在历史上，优秀的绅士和淑女总是迷人的；他们的回忆录和他们的乡间别墅带给我们某种快乐，这种快乐我们已经不能再提供给我们的后代了。但是，他们的优秀，即使是真实的，也绝不是至高无上的，它是一种昂贵到令人难以置信的产品。霍加斯的《杜松子酒巷》[1]生动地描述了人们为它所付出的代价。现在没有人会提倡这种狭义的装饰性的教育。

不过，这还不是真正的问题。真正的问题是：在教育中，我们是应该以向学生灌输具有直接实际用途的知识为目标呢，还是应该给学生传授对他们自身有益的精神财富呢？知道一英尺有十二英寸、一码有三英尺是有用的，但这些知识没有内在价值；对于那些生活在使用米制单位的地区的人来说，这种知识毫无价值。另一方面，欣赏《哈姆雷特》在实际生活中没有多大用处，除非遇到某人要杀死他叔叔的罕

---

[1] 1751年英国画家霍加斯（William Hogarth, 1697—1764）创作的版画，描绘了杜松子酒引发的可怕的社会萎靡情景。——译注

第一章　现代教育理论的基本原理

见情况；但它能给人一种精神上的财富，如若没有这种财富会使人遗憾，在某种意义上，这种财富还会使人成为一个更优秀的人。主张实用不是教育的唯一目的的人所偏爱的正是后一种知识。

在实用论教育的倡导者与其对手的争论中，似乎包含了三个不同的实质性问题。首先是贵族和民主主义者之间的争论，前者认为特权阶级应该学会以自己喜欢的方式利用闲暇，而从属阶级则应该学会以对他人有用的方式进行劳动。民主主义者对这一观点的反对意见往往有些混乱：他们不赞成向贵族传授无用的东西，同时又认为，工薪阶层的教育不应局限于有用的东西。因此，我们发现，一方面民主主义者反对公立学校中进行旧式的古典教育，另一方面他们又要求工人应该有机会学习拉丁语和希腊语。这种态度，尽管可能在理论上不够明晰，但在实践中总体上是正确的。民主主义者不希望把社会分成两部分，一部分是有用的，一部分是装饰性的；因此，主张给予迄今为止只讲装饰性的阶层更多有用的知识，而给予迄今为止只追求有用的阶层更多令人愉快的知识。但是，民主本身并不能决定这些成分的混合比例。

第二个问题是只追求物质财富的人和关心精神愉悦的人之间的争论。大多数现代富裕的英国人和美国人，如果被魔法传送到伊丽莎白时代，他们应该宁愿回到现代世界。即使是莎士比亚、雷利和菲利普·西德尼爵士存在的社会，有再高雅的音乐和再优美的建筑，都不能使他们因为没有浴室、茶和咖啡、汽车以及那个时代所不知道的其他物质享受而感到安慰。除非是受到保守传统的影响，这些人倾向于认为教育的主要目的是增加商品的数量和种类。这些商品可能包括医药和卫生，但他们不会对文学、艺术或哲学有任何热情。毫无疑问，这些人构成了攻击文艺复兴时期建立的古典课程的主力。

我认为，仅仅声称精神产品比纯物质产品更有价值来应对以上观点并不公允。我相信这一说法是正确的，但并不是全部真理。因为虽然物质产品没有很高的价值，但物质上的不幸却可能严重到盖过许多精神上的卓越。自从人类拥有预见能力以来，饥饿、疾病，以及对它们始终存在的恐惧，使绝大多数人的生活蒙上了一层阴影。大多数鸟类死于饥饿，但当食物充足时，它们无忧无虑，因为它们从不考虑未来；而在饥荒中幸存下来的农民将永远被记忆和忧惧所困扰。

人宁肯为微薄的报酬而终日辛苦工作，也不愿死去，而动物则及时行乐，哪怕以死为代价。因此，大多数人都忍受着几乎毫无乐趣的生活，因为不这么做的话就会短命。得益于工业革命及其副产品，我们有史以来第一次有可能创造一个人人都有合理的幸福机会的世界。如果我们愿意，物质上的不幸可以被减少到很小的比例。通过组织和科学，有可能使世界上所有的人有饭吃，有地方住，虽不奢侈，但足以避免巨大的痛苦。人类有可能战胜疾病，慢性疾病也会变得罕见。我们有可能防止人口增长超过食物供应改善的速度。那些使人类潜意识变得黑暗，并带来残酷、压迫和战争的巨大恐慌可以大大减少，以至于不再重要。所有这一切对人类生活具有不可估量的价值，我们断然不敢反对那些有助于实现这些价值的教育。在这样的教育中，应用科学必定是主要部分。没有拉丁语和希腊语，没有但丁和莎士比亚，没有巴赫和莫扎特，我们也能建立新世界。但没有物理学、生理学和心理学，我们就无法建立新世界。这就是支持实用论教育的有力论据。我之所以强烈表明这一点，是因为我深刻地感受到了这一点。然而，这个问题还有另一面。如果没有人懂得如何利用闲暇和健康，那么拥有它们又有什么意义呢？对抗物质上的不幸的斗争，就像其他斗争一样，不应该进行得如此狂暴，以致使人们无法和平相处。绝不能让这个世界所拥有的至善在与邪恶的斗争中毁灭。

这就引出了我们争论的第三个问题。只有无用的知识才具有内在价值，这是真的吗？难道所有具有内在价值的知识都是无用的吗？就我而言，我年轻时在学习拉丁语和希腊语上花了相当多时间，我现在认为这些时间几乎完全是浪费。古典知识对我后来所关心的任何问题都没有裨益。像百分之九十九学过古典学科的人一样，我从来没有精通到能从阅读它们中获得乐趣。我学过的东西，比如"superellex"的属格，我从来没有忘记过。这种知识并不比一码等于三英尺的知识更有内在价值，对我来说，它的用途仅限于提出以上的例证。另一方面，我从数学和科学中学到的东西不仅有巨大的用处，而且具有巨大的内在价值，因为它们提供了沉思和反思的主题，以及在一个充满欺诈的世界中探索真理的试金石。当然，这在一定程度上是个人的癖好；但我敢肯定，从古典中获益的能力，在现代人中更是一种罕见的特质。法国和德国也有有价值的文学作品，它们的语言很容易学，而且在很多实际的方面都很有用。因此，与拉丁语和希腊语相比，学习法语和德语的理由是压倒性的。在不贬低那些没有直接实际用途的知识的重要性的前提下，我认为我们可以合理地要求：除了专业人才的教育外，这些知识的传授应当以不需要在语法等技术工具上花费大量的时间和精力的方式进行。人类知识的总量和人类问题的复杂性都在不断增长，因此，如果要为新事物腾出时间，每一代人都必须检查改进自己的教育方法。我们必须通过妥协来保持平衡。教育中的人文知识必须保留，但也应当加以充分的简化，以便为其他知识留出空间，否则，科学可能创造的新世界就永远无法实现。

我并不想暗示教育中的人文知识不如实用性知识重要。如果要使富有想象的人生得到充分发展，了解一些伟大的文学作

第一章　现代教育理论的基本原理

品，学习一些世界历史，知晓一些音乐、绘画和建筑，是必不可少的。只有通过想象，人类才能意识到世界可能的模样；没有想象，"进步"就会变得机械而琐碎。不过，科学也可以激发想象力。当我还是个孩子的时候，天文学和地质学在这方面比英国、法国和德国的文学对我的帮助更大，而后者的那些杰作我是被迫阅读的，兴趣索然。当然这是因人而异的事，一个孩子可能会从这个来源获得激励，另一个会从那个来源获得激励。我的建议是，如果一项高难度的技术对于掌握一门学科是必不可少的，那么除了培训专门人才外，这门学科最好是有用的。在文艺复兴时期，用现代语言写成的伟大的文学作品凤毛麟角，而现在则不胜枚举。希腊传统的许多价值可以传达给不懂希腊语的人；至于拉丁传统，反正它的价值也不是很大。因此，对于没有特殊才能的孩子，我认为教育的人文方面的学习应该尽量不涉及学习大量的技术工具；而他们之后的教育，我认为应该把困难部分仅局限于数学和科学。但是，如果在其他方向上有强烈的爱好或特殊才能，我觉得应该破例。我们首先要避免的就是死板的一刀切的规则。

到目前为止，我们一直在讨论应该传授什么样的知识。现在我要转向另一种问题，部分与教学方法有关，部分与道德教育和品性培养有关。这里我们不再涉及政治学，而将涉及心理学和伦理学。直到不久前，心理学还只是一门纯学术研究，很少应用于实际事务。现在这一切发生了彻底变化。例如，我们有工业心理学、临床心理学、教育心理学，所有这些都具有极大的实际重要性。我们可以希望并期待，在不久的将来，心理学对我们社会制度的影响将迅速增加。无论如何，在教育方面，它已经产生了巨大而有益的作用。

让我们先来谈谈"纪律"的问题。关于纪律的旧有观念很简单，就是一个儿童被命令去做他不喜欢的事情，或者禁止做他喜欢的事情。如果他不听话，就会受到体罚，在极端情况下，还会被单独监禁，只给他面包和水。比如，读一下《费尔柴尔德家族》中关于亨利不愿学拉丁语的那一章。小亨利被告知，除非他学会拉丁语，否则他永远不可能成为一名牧师，但是尽管有这样的理由，这个小男孩并没有像他父亲所希望的那样认真读书。于是他被关进一间阁楼里，只有面包和水，而且不准和姐妹们说话。姐妹们被告知他有失体面的行为，被告诫必须与他划清界限。尽管如此，其中一个姐妹还是给他送去了一些食物。仆人告发了她，她也惹上了麻烦。据书中所说，被禁闭了一段时间后，这个小男孩开始喜欢上拉丁语，并从此刻苦学习。与这个故事形成对比的是契诃夫讲的他叔叔教小猫抓老鼠的故事。他叔叔把一只老鼠带进了小猫所在的房间，但小猫的捕猎本能还没有发育出来，它对老鼠毫不在意。于是他打了小猫一顿。第二天，同样的过程又重复了一

第一章 现代教育理论的基本原理

遍，第三天、第四天也是如此。最后，教授终于相信这是一只愚蠢的小猫，根本无法教化。后来，虽然这只小猫在其他方面很正常，但它一看到老鼠就会吓得满头大汗，落荒而逃。"就像小猫一样，"契诃夫总结道，"我有幸被叔叔教过拉丁文"。这两个故事说明了古老的纪律和对它的现代反抗。

但现代教育家却不是简单地回避纪律，而是用新的方法来保证纪律。在这个问题上，没有研究过新方法的人容易产生错误的想法。我一直都听说蒙台梭利女士废除了纪律，我也很好奇她是如何管理一屋子孩子的。在阅读了她对自己的教育方法的描述后，我发现纪律仍然占有重要的地位，她并没有试图废除它。我把三岁的儿子送到蒙台梭利学校后，发现他很快就变成了一个更有纪律的人，而且他欣然接受了学校的规定。但他并没有感觉到外界的强迫：学校的规则就像游戏规则，遵守这些规则是一种乐趣。旧的观念认为，孩子们不可能想要学习，他们只有在恐惧的驱使下才会学习。现在人们已经发现，这完全是缺乏教学技巧所致。把要学的东西——比如阅读和写作——分成合适的阶段，每一个阶段都可以被一般的孩子所接受。当孩子们在做他们喜欢的事情时，当然没有必要施加外部的纪律。一些简单的规则——任何孩子不能干扰另一个孩子，任何孩子不能同时使用一种以上的教具——孩子们很容易理解，而且合情合理，所以遵守这些规则并不困难。这样，孩子就获得了自律,这种自律部分构成了好习惯,部分使孩子在具体的事例中认识到,有时为了长远的利益而克制一时冲动是值得的。众所周知,在游戏中获得这种自律是很容易的,但没有人想到,同样的机制可以使知识的获取也变得足够有趣。我们现在知道,不仅在幼儿的教育中,而且在所有阶段,这都是可能且可实现的。我并不是说这是件容易的事。教学上的新发现或许需要天才,但是运用这些新发现,并不需要是天才。他们只需要适当的培训,再加上绝不罕见的一定程度的同情心和耐心。基本思想很简单:正确的纪律不在于外在的强迫,而在于形成心理上的习惯,这种习惯会自发地引导人们去做可取的而不是不可取的事情。令人惊讶的是,有人已成功地找到将这一思想体现在教育中的技术方法。为此,蒙台梭利女士理应得到最高的赞美。

教育方法的变化,在很大程度上受到了原罪信仰衰落的影响。现在几乎绝迹的传统观点认为,我们所有人为可怒之子,天性邪恶;在我们成为有道德的人之前,我们必须成为恩典之子,这一过程可因频繁的惩罚而加速。大多数现代人都难以相信这一理论对我们的父辈和祖辈的教育曾产生了多么重大的影响。迪恩·斯坦利对阿诺德[1]博士传记的两段引用证明我们

---

[1] 阿诺德(Thomas Arnold,1795—1842)是英国教育家,曾大力推行教育改革,将培养绅士定为公学的教育目标,影响深远。——译注

第一章　现代教育理论的基本原理

的怀疑是错的。迪恩·斯坦利是阿诺德博士的高足，就像《汤姆·布朗的学生时代》里的好男孩亚瑟。他是本人的堂兄，我小时候他曾带我参观过威斯敏斯特大教堂。阿诺德博士是我们公立学校的伟大改革者，而公立学校被视为英国的荣耀之一，并且在很大程度上仍然按照他的原则管理。因此，在讨论阿诺德博士时，我们讨论的不是什么陈年往事，而是至今仍有效地塑造着英国上流社会人士的东西。阿诺德博士减少了鞭刑，只对年龄较小的男孩保留鞭刑，而且他的传记作者告诉我们，鞭刑仅限于"违反道德的行为，如撒谎、酗酒和习惯性懒惰"。但是，当一份自由主义杂志提出，鞭打是一种有辱人格的惩罚，应该完全废除时，他怒气冲天。他在报纸上回应道：

> 我很清楚这种说法要表达什么感情；它源于那种傲慢的个人独立观念，这种观念既不合乎理性，也不符合基督教教义，本质上是野蛮的。它以骑士时代的所有诅咒降临欧洲，现在又以雅各宾主义的威胁向我们袭来……在一个几乎不可能找到对罪责或过失产生羞耻感的真正有男子汉气概的时代，鼓励不切实际的改正个人错误时的羞耻感有什么智慧可言？还有什么比这更虚伪，更有损于心灵的纯朴、清醒和谦卑呢？而心灵的纯朴、清醒和谦卑，这些才是青春的最佳装饰，是高贵男子气

概的最好保证。

如此看来,他的弟子们笃信当印度土著缺乏"谦卑的心灵"时,他们应该受到鞭打,也就不足为奇了。

还有一段话,斯特拉奇先生在《维多利亚时代名人传》一书中已经部分地引用过了,但它太贴切了,我忍不住要再引用一遍。阿诺德博士外出度假,欣赏科莫湖的美景。他享受的形式这样记录在给妻子的信中,如下:

> 环顾四周的绝美景色,然后想到道德邪恶,不禁惶恐;似乎天堂和地狱并没有被一道巨大的鸿沟隔开,而完全紧紧相邻,简直与每个人都近在咫尺。但愿我的道德罪恶感能像我对自然美的喜悦一样强烈,因为深刻的道德罪恶感,也许比其他任何东西更能使人对上帝的拯救有所认识!仅仅赞美道德之善是不够的,我们可以嘴上赞美,但并不知行合一;但如果我们真的憎恶罪恶,而不是憎恶内心有恶的人,而是憎恶他们心里的恶,并且我们更明确肯定地认识到恶在我们的内心之中——这就让我们拥有了上帝和基督的感情,使我们的灵与上帝的灵共鸣。唉!知易行难,知道这一点随口说说多容易,但做到并感悟到这一点谈何容易!谁能做到这些事呢?除

第一章　现代教育理论的基本原理

了真正感叹自己的不足的人以外，没有人能做到。愿上帝通过耶稣基督保佑你，我最亲爱的妻子和我们心爱的孩子们，现在到永远。

看到这位天性善良的绅士陷入一种可以毫不内疚地鞭打小男孩的施虐狂的情绪中，而所有人都认为他在遵循仁爱的宗教，甚是可悲。当我们想到这个执迷不悟的人时，不禁为他悲叹；但是，当我们想到他通过营造一种对"道德之恶"的憎恶氛围——记住，这其中就包括对儿童习惯性懒惰的憎恶——而给这个世界带来了一代又一代的残暴之人，这就是悲剧。当我想到那些自认为在正义地谴责"道德之恶"的正直的人们所带来的战争、折磨和压迫，我就不寒而栗。幸运的是，教育者们不再把小孩子看作撒旦的爪牙。在对待成年人时，尤其在惩罚犯罪时，这种看法仍然屡见不鲜；但在幼儿园和学校里，它确实已经销声匿迹了。

还有一个错误与阿诺德博士的错误相反，虽然危害性小得多，但在科学的观点中仍然是一个错误，那就是认为孩子天生是善良的，只有在看到长辈的恶习后才会堕落。这种观点传统上与卢梭有关，也许他只是在理论上赞同这种观点，但是人们读了《爱弥尔》就会发现，学生在成为这个体系所要培养的典范之前，需要接受大量的道德训练。事实是，孩子们天生并非不是"好"就是"坏"。他们天生只有反射动作和一些本能；在这些的基础上，通过环境的作用，产生健康的或是病态的习惯。习惯的形成主要取决于母亲或保姆的智慧，孩子的天性在初始阶段几乎具有不可思议的可塑性。绝大多数孩子既有成为好公民的潜质，也有成为罪犯的可能。科学心理学表明，平日里的鞭笞和星期日的说教并不是培养美德的理想方法。但不能由此断定，没有达到这一目的的方法。我们无法否认塞缪尔·巴特勒[1]的观点，即以前的教育者以折磨儿童为乐，否则很难理解他们怎么能坚持长时间对儿童施加无用的痛苦。使一个健康的孩子快乐并不难，大多数孩子如果身心得到适当的照顾，必是健康的。童年的快乐，对于培养最优秀的人是不可或缺的。如果使孩子感到教育是在教一些值得知道的东西，阿诺德博士所认为的属于"道德之恶"的习惯性懒惰就不会存在。[2]但是，如果所传授的知识毫无价值，而传授这些知识的人又表现得像残忍的暴君，那么孩子的行为自然就会像契诃夫笔下的小猫一样。每一个正常的孩子所拥有的自发的学习欲望，就像他们努力学走路、努力学说话那样，应该成为教育的动力。用

---

1 塞缪尔·巴特勒（Samuel Butler，1835—1902），英国作家，著有长篇小说《众生之路》(*The Way of All Flesh*)。——译注
2 可能阿诺德博士的许多学生都患有腺样体肥大，尽管这会导致习惯性懒惰，但没有医生会开出鞭刑的处方。

第一章 现代教育理论的基本原理

这种动力代替体罚，堪称我们这个时代的伟大进步之一。

这就引出了我在对现代趋势的初步考察中想指出的最后一点——对幼儿时期予以更多关注。这与我们在品性培养方面观念的变化密切相关。旧的观念认为美德在本质上取决于意志：我们天生充满了不良欲望，需要用一种抽象的意志力来控制这些欲望。人们显然认为根除不良欲望是不可能的，我们所能做的就是控制它们，类似于罪犯和警察的关系。没有人认为一个没有潜在罪犯的社会可能存在，充其量能做的就是拥有一支高效的警察部队，让大多数人都不敢犯罪，少数例外也会被逮捕并受到惩罚。现代犯罪心理学家并不满足于这种观点。他们认为，在大多数情况下，适当的教育可以阻止犯罪冲动。适用于社会的也适用于个人，孩子们尤其希望得到长辈和同伴的喜爱。他们有各种冲动，这些冲动会根据他们所处的环境向好的或坏的方向发展。此外，在他们这个年龄，新习惯的养成还很容易，而好的习惯可以使很大一部分美德几乎成为自动具有的一样。另一方面，旧式的美德仅仅用意志力来制止泛滥的不良欲望，这是一种远远不能令人满意的方法。不良欲望就像一条被堤坝拦住的河流，会找到另一个出口，逃避意志的监视。年轻时有弑父念头的人，后来却在鞭打自己的儿子中得到满足，以为自己是在惩罚"道德之恶"。为残暴辩护的理论几乎总是源于某种欲望，这种欲望被意志从自然表现扭曲为隐蔽表现，最后改头换面以对罪恶的憎恨或某种似乎值得尊敬的东西的名义出现。因此，意志对不良欲望的控制，虽然有时是必要的，但作为一种培养美德的方法是不够的。

这些考虑把我们带到了精神分析的领域。我发现精神分析中的细节中有许多是荒诞的，没有足够的证据支持。但是，我认为，精神分析的一般方法非常重要，对于建立正确的道德训练方法是必不可少的。在我看来，许多精神分析学家过于强调婴幼儿早期的重要性，说得好像一个孩子的品性在三岁时就已经不可挽回地定型了。我敢肯定，事实并非如此。但这个错误是在正确方向上的错误。幼儿心理学在过去被忽视了；事实上，当时流行的唯智主义方法使它几乎不可能被重视。以睡眠为例，所有的母亲都希望自己的孩子睡觉，因为睡觉既健康又给大人省事。她们已经逐渐形成了一些方法：摇摇篮，唱催眠曲。然而，对这一问题进行科学调查的男性发现，这种方法在理论上是错误的，虽然它每天都奏效，但它会带来坏习惯。每个孩子都喜欢被别人当回事，因为唯我独尊感能得到满足。如果他发现不睡觉能引起别人的注意，他很快就学会这种方法。其结果对健康和品性同样有害。此处最重要的是习惯的养成：把小床和睡眠联系起来。如果这种联系得到充分确立，孩子就不会睁着眼躺着，除非生病或疼痛。但是这种联系的发生需要一定的训练；这不是通过溺爱能达到的，因为这样孩子会把不睡觉和令人愉快的溺爱联系起来。类似的考虑也适用于其他好习惯和坏习惯的形成。这项研究还处于起步阶段，但它的意义非常大，而且几乎肯定会变得越来越重要。很明显，品性的教育必须从出生时就开始，而且需要改变保姆和无知的母亲们的许多做法。同样清楚的是，明确的教导可以开始得比以前认为的更早，因为它可以使婴儿感到愉快，并且不会对婴儿的注意力造成负担。近年来，教育理论在这两个方面都发生了根本性的变化，其有益的影响随着时间的推移可能会变得越来越明显。因此，在接下来的内容中，我将详细地讨论婴幼儿时期的品性训练，然后再讨论以后岁月的教育。

第二章 教育的目的

在考虑如何进行教育之前，最好先弄清楚我们希望达到什么样的结果。阿诺德博士想要的是"谦卑的心灵"，这是亚里士多德所说的"宽宏大量之人"所不具备的品质。尼采的理想不是基督教的理想，康德的也不例外，因为当基督命令世人仁爱的时候，康德却教导说，以爱为动机的行为不可能是真正的美德。而且，即使人们对良好品性具有哪些要素达成共识，对每个要素的相对重要性的看法也可能有所不同。有人强调勇气，有人强调学识，有人强调善良，还有人强调正直。有人会像老布鲁图斯一样，把对国家的责任放在家庭亲情之上；也有人会像孔子，把亲情放在第一位。所有这些分歧都会产生教育上的差异。我们必须先对我们希望培养什么样的人有个概念，然后才能对我们认为最好的教育有明确的看法。

当然，教育工作者也可能并不那么明智，他造成的结果与他所期望的结果也许不同。乌利亚·希普[1]是慈善学校教

---

1 狄更斯小说《大卫·科波菲尔》中的反派人物。——译注

第二章 教育的目的

导学生要谦逊的产物，但这种教导产生了与预期完全不同的效果。但总的来说，最有才能的教育者还是相当成功的，比如中国文人学士、现代日本人、耶稣会会士、阿诺德博士和美国公立学校政策制定者们。所有这些人，都以各自不同的方式取得了巨大的成功。他们达到的结果固然截然不同，但大体上都实现了初衷。在决定我们自己应该把什么视为教育的目标之前，花点时间来研究一下这些不同的体制也许是值得的。

中国传统的教育在某些方面与鼎盛时期雅典的教育十分相似。雅典男孩被要求从头到尾背诵《荷马史诗》；中国男孩同样被要求对儒家经典倒背如流。雅典人学到的敬神方式由外在的仪式构成，并且不给自由的智性思考设置任何障碍。同样地，中国人也被教导某些与祖先崇拜有关的仪式，但绝不强迫他们必须接受这些仪式所暗示的信仰。彬彬有礼的怀疑主义是受过教育的成年人所应有的态度：任何事情都可以讨论，但妄下结论就有点俗不可耐了。各种意见可以在饭桌上平心静气地讨论，而不是争吵不休。卡莱尔称柏拉图为"一位高贵的雅典绅士，即使在天国也不改泰然自若的风度"。这种"泰然自若"的风度，在中国的圣贤身上也可以找到，而在基督教文明所产生的圣贤身上通常不见踪影，除非他们像歌德那样，深深受到希腊精神的熏陶。雅典人和中国人都愿意享受生活,并且有一种由于敏锐的美感而得以完善的享乐观。

然而,由于希腊人精力充沛而中国人比较懒散这一事实,这两个文明之间存在着巨大的差异。希腊人把他们的精力投入到艺术、科学以及战争上,他们在所有这些方面都取得了前所未有的成就。政治和爱国主义为希腊人的精力提供了切实可行的发泄途径:当一名政治家被放逐时,他会带领一群流亡者攻打他的家乡。而当一位中国官员被革职时,他则退隐到山间,写诗吟作,描写田园生活的乐趣。因此,希腊文明自我毁灭,而中国文明只会因外敌毁灭。然而,这些差异似乎不能完全归因于教育,因为日本的儒学从来没有产生过中国文人所特有的那种消极而文雅的怀疑主义,除了京都的贵族,他们形成了一种类似"圣日耳曼区"[1]的文化。

中国的教育产生了稳定和艺术,却没能带来进步和科学。这也许可以被看作怀疑主义的结果。充满激情的信念要么带来进步,要么带来灾难,却不能带来稳定。科学即使在攻击传统信仰的时候,也坚持它自己的信仰,在文人的怀疑主义的氛围中几乎不可能蓬勃发展。在一个被现代发明统一起来的好斗的世界里,国家的自我保护需要活力。而没有科学,民主是不

---

1 圣日耳曼区原是法国王室所在的区域。——译注

第二章 教育的目的

可能的：中国文明仅限于少数受过教育的人，而希腊文明则建立在奴隶制的基础上。由于这些原因，中国的传统教育已经不适合现代世界，也已经被中国人自己所抛弃。18世纪有教养的绅士在某些方面与中国文人相似，也因为同样的原因退出了历史舞台。

现代日本最清楚地说明了在所有大国中都很突出的一种趋势，即以国家强盛作为教育的最高目的。日本教育的目的是培养既能以身许国，又能通过所学到的知识为国家做贡献的公民。我无法完全赞同他们在追求这双重目标时所运用的手段。自从佩里将军[1]的舰队抵达以来，日本人一直处于难以自保的窘境；他们的成功证明了他们的方法是有效的，除非我们认为自保本身有罪。但是，只有在绝境之下他们的教育方法才能被认为是合理的，而这种方法在任何一个没有迫在眉睫的危险的国家都应该受到谴责。即使是大学教授也不能质疑神道教，即便它所涉及的历史就像《创世记》一样令人生疑；在日本的神学专制面前，代顿审判[2]都黯然失色。还有相似的伦理专

---

1 1853年，美国海军准将马休·佩里（Matthew Perry, 1794—1858）率领远征军打开日本国门。——译注
2 1925年美国田纳西州代顿市举行的针对进化论讲授权利的审判，一位教师因讲授进化论而被判有罪。——译注

制、民族主义、孝道、天皇崇拜等等都不容置疑，因而许多方面的进步几乎毫无可能。这种铁板钉钉的制度的巨大危险，在于它可能引发革命，以革命作为进步的唯一方法。这种危险虽然不会立即发生，但却是真实存在的，而且主要是由教育制度造成的。

由此我们可以看出，现代日本有一种与古代中国相反的缺陷。中国的文人太具怀疑精神、太懒散，而日本教育的产物可能太教条，过于斗志昂扬。无论是对怀疑主义的默许，还是对教条主义的默许，都不是教育应有的产物。教育应该产生的是这样一种信念：知识在一定程度上是可以获得的，虽然可能困难重重；在任何一个特定时期内被认为是知识的东西也许或多或少都有错误之处，但这些错误可以通过谨慎和勤奋加以纠正。在按照我们的信念行动时，我们应该非常警惕，因为一个小错误可能意味着灾难，然而，我们仍必须根据我们的信念采取行动。这种心态是相当困难的，它需要高度的智识，还要保持情感不萎缩。虽然困难，也并非不可能做到，其实这就是科学的态度。知识和其他美好的事物一样，获取固然困难，但并非不可能；教条主义者忽略困难，怀疑主义者否认可能性，两者都是错误的，他们的错误一旦蔓延，就会导致社会灾难。

耶稣会会士和现代日本人犯了同样的错误，即让教育从属于一个机构的利益——在他们的例子中，就是天主教会。他们

第二章 教育的目的

主要关心的不是个别学生的利益,而是关心如何使学生成为促进教会利益的工具。如果我们接受他们的神学,就无法指责他们:把灵魂从地狱中拯救出来比任何世俗的问题都重要,而只有天主教会才能做到这一点。但那些不接受这一教义的人将会以结果来评判耶稣会会士的教育。诚然,教育结果的确有时违背了初衷,就如乌利亚·希普的事例;此外,伏尔泰[1]也是耶稣会教育的产物。但总的来说,长久以来,耶稣会期望的结果还是实现了:反宗教改革以及新教在法国的瓦解,很大程度上必须归功于耶稣会的努力。为了达到这些目的,他们使艺术变得感伤,思想变得肤浅,道德变得放纵;最后,需要法国大革命来扫除他们所造成的伤害。在教育方面,他们的罪行在于,教育的动机不是出于对学生的爱,而是出于别有用心的目的。

阿诺德博士的制度至今仍在英国公学中实行,它的缺陷即它是贵族式的。其目的是在国内或是帝国遥远的海外领土培养执掌权力的高官显贵。贵族政治如果要延续下去,就需要某些美德,这些美德是在学校里传授的。这类教育造就的学生应当精力充沛,坚忍不拔,身体健康,信念坚定,操行端正,并且相信自己在世间肩负重要使命。这些目标的实现程度之高令人

---

[1] 伏尔泰(Voltaire,1694—1778),法国启蒙思想家、文学家、哲学家,曾在巴黎耶稣会和路易大帝高中接受教育,后来激烈抨击天主教会。——译注

惊叹，但理智被抛弃了，因为理智可能产生怀疑。同情也被消灭了，因为它可能会妨碍对"劣等"种族或阶级的统治。牺牲仁慈以换取强硬；抑制想象力，为了更坚定。在一个恒常的世界里，这也许能造就一个拥有斯巴达人优缺点的永久的贵族政治。但是贵族制度已经过时了，即使对最英明贤德的统治者臣民们也不会再唯命是从。于是统治者被迫实行暴政，而暴政又进一步助长了反抗。现代世界的复杂性越来越需要理智，阿诺德博士却要为了"美德"牺牲理智。滑铁卢战役或许是伊顿公学操场上的胜利[1]，但大英帝国却在那里失败。现代世界需要一种不同类型的人才，他们有更富于想象力的同情心，有更多富于理智的灵活性而少一些匹夫之勇，以及有对技术知识的信仰。未来的管理者必须是自由公民的仆人，而不是臣民钦慕的仁慈统治者。英国高等教育中根深蒂固的贵族传统是其祸根。或许这种传统可以逐渐消除，或许老牌教育机构会发现自己无法适应新世界。关于这一点，我就不妄加评论了。

美国的公立学校成功地完成了一项规模浩大的从未尝试过的任务：把各式各样的人变成一个同质的民族。这项工作做得

---

[1] 伊顿公学奉行最传统的英式绅士教育，十分注重体育运动。传闻反法联盟军统帅惠灵顿公爵阿瑟·韦尔斯利在赢得滑铁卢战役后说"滑铁卢的胜利不过是在伊顿公学操场上的胜利"。——译注

第二章 教育的目的

非常出色,而且总体上是一项泽被后世的工作,完成这项工作的人理应得到褒扬。但是,美国和日本一样处于一种特殊环境下,在特殊环境下合理的东西并不一定是何时何地都应遵循的完美典范。美国有自己的优势和困境。其优势包括:财富多;没有战败的风险;相对来说没有从中世纪继承下来的传统的束缚。移民们发现在美国随处可见民主氛围和先进的工业技术。我想,这两个主要原因就是为什么几乎所有移民对美国的仰慕超过了对自己祖国的赞美。但现实中的移民通常保留着双重的爱国主义:在欧洲的纷争中,他们仍然热情地支持他们的祖国。相反,他们的子女对父母的祖国则丧失了忠诚感,变成了纯粹的美国人。父母的态度可以归因于美国的基本优点;子女的态度则在很大程度上取决于他们所受的学校教育。在此我们只关心学校的贡献。

只要学校能够从美国真正的优势中获益,就无须将爱国主义教育与灌输虚假标准联系在一起。但是,在旧世界优于新世界的地方,就有必要灌输一种对真正优点的蔑视。总体而言,西欧的知识水平和东欧的艺术造诣确实比美国高。除了西班牙和葡萄牙,整个欧洲的神学迷信比美国少。在几乎所有的欧洲国家,个人受群体支配的程度都低于美国,即使政治自由比较少,个人的内在自由却更大。在这些方面,美国的公立学校是有害的,但它对美国排他性的爱国主义教育是必需的。就像日本人和耶稣会会士一样,这种伤害来自于把学生当作达到目的的手段,而不是目的本身。教师应该爱他的学生胜过爱他的国家或教会,否则他就不是一个称职的教师。

当我说学生应被视为目的而不是手段时,可能有人会反驳我,毕竟,人作为手段比作为目的更重要。作为目的的个人在他死后就会消失,而他作为手段所生产的东西,会一直延续到时间的尽头。我们不能否认这一点,但我们可以反驳由此推导出的结论。一个人作为手段的重要性可以为善,也可以为恶;人类行为的长期影响是如此不确定,明智的人往往会将其排除在计算之外。一般说来,好人产生好的影响,坏人产生坏的影响。当然,这并不是一个不变的自然规律。一个坏人可能会谋杀一个暴君,只是因为暴君想要惩罚他的罪行;尽管他是坏人,他的行为也是作恶,但他的行为结果可能是好的。然而,作为一种普遍法则,一个由本质优良的男男女女组成的社会,会比一个由无知且恶毒的人组成的社会产生更好的结果。除了上述考虑之外,儿童和年轻人本能地能察觉到那些真心希望他们好的人和那些仅仅把他们当作某种计划的原材料的人之间的区别。如果教师缺乏爱,孩子的品性和智力都不会得到良好和自由的发展;而这种爱,本质上就是把孩子视作目的的感受。

我们对自己都有这样的感受:我们渴望自己得到美好的东西,但不必首先证明我们得到这些东西会促进某种伟大目标。

第二章 教育的目的

每一个普通的慈爱的父母对自己的孩子都有同样的感觉。父母希望他们的孩子长大成人，强壮、健康，在学校取得好成绩，等等，就像他们希望自己得到美好的东西一样；在为这类事情操心时，不计较自我牺牲，也不涉及抽象的公平原则。这种为人父母的本能并不总是严格局限于自己的孩子身上。它必定以多样的形式存在于任何想成为好老师的人身上。随着学生年龄的增长，这种本能变得不那么重要。但是，只有那些拥有这种本能的人才有资格来制订教育计划。那些认为男性教育的目的之一是培养杀手或炮灰，让他们愿意为无谓的理由而大动干戈的人，显然缺乏博爱的父母之情；然而，除了丹麦和中国，所有文明国家的教育都是由这种人控制的。

不过，教育工作者仅仅爱学生是不够的，他必须对什么是卓越的人有正确的认识。猫不仅教小猫崽捉老鼠，还教它耍弄老鼠；军国主义者对年轻人也是如此。猫爱小猫崽，却不爱老鼠；军国主义者可能爱自己的儿子，却不会爱敌国人的儿子。即使是那些热爱全人类的人，也可能因为对美好生活的错误理解而犯错。因此，在进一步讨论之前，我将试着提供一个我关于什么是优秀男女的看法，而暂不考虑实际情况或教育方法。当我们接下来考虑教育的细节时，这样的图景将对我们有所帮助，我们也将知道我们希望前进的方向。

首先，我们必须加以区分：有些品质只宜为特定比例的人拥有，而另一些品质则是全人类都应该拥有的。我们需要艺术家，但也需要科学家。我们需要伟大的管理者，但也需要农夫、磨坊主和面包师。使一个人在某一领域取得卓越成就的品质，往往并不是对每个人来说都是可取的。雪莱是这样描述诗人一天的工作的：

> 他从黎明到黄昏注视着
> 湖水反射的阳光，
> 至于茂盛的常春藤上的黄蜂，
> 他视而不见，也不知道它们是什么。

这些习惯在诗人身上是值得称赞的，但在邮差身上则不然。因此，我们不能把培养每个人的诗人气质作为我们教育的目标。但有些品质是普遍可取的，我在此只考虑这些品质。

我对男性和女性的优秀品质将不做区分。对于要照顾婴儿的女性来说，一定程度的专门训练是可取的，但这中间涉及的男女差别大约就像农民和磨坊主之间的区别一样。这种差别不是根本性的，目前也没必要加以考虑。

我将以我所认为的构成理想人格基础的四种品性为例来讨论。这四种品性是活力、勇敢、敏感和智慧。我并不认为具备上述品性就完美无缺了，但我认为它们可以引领我们走上正

第二章　教育的目的

途。此外，我坚信，只要对年轻人在身体、情感和智力上给予适当关照，这些品质都可以普遍形成。我将逐一加以论述。

活力，与其说是一种精神特征，不如说是一种生理素质。人在身体十分健康的时候，常常拥有活力，但随着年龄的增长，它往往会衰退，到老年时，它会逐渐萎缩殆尽。在精力充沛的儿童身上，这种品质在学龄前迅速达到顶峰，然后随着接受教育而逐渐减弱。只要活力存在之处，不需要有什么特殊的愉快环境，也会感觉生趣盎然。它增加快乐，减少痛苦。它使人很容易对发生的一切产生兴趣，促进人的客观性，这是心智健康的必要条件。人类很容易沉浸在自己的世界里，对自己的所见所闻或兴趣之外的任何事物都意兴索然。这可以说是人类之大不幸，轻则让人变得无聊，重则让人产生忧郁；除了非常例外的情况，也会导致一无所成。活力可以提升人们对外部世界的兴趣，也可以促进人们努力工作。此外，它还能防止嫉妒，因为它让人专注自己的快乐。鉴于嫉妒是人类痛苦的一大根源，所以这是活力之重大优点。当然，许多坏的品质与活力也是并存的——例如，一只健壮的老虎也可能充满活力。许多最优秀的品质没有活力也可以存在，比如，牛顿和洛克就几乎没有活力。然而，这两个人都有易怒和嫉妒的毛病，如果他们更健康，可能就不会有这些毛病了。牛顿与莱布尼茨的争论对英国数学的坏影响延续了百年，如果牛顿身体健壮，能够享受常人的快乐，也许整个争论就可以避免了。因此，尽管活力有其局限性，但我仍认为它是所有人都应具备的重要品质之一。

勇敢——我们列出的第二种品质——有几种表现形式，每一种都很复杂。无所恐惧是一回事，控制恐惧的能力是另一回事。相应地，当恐惧为理性的时不感到恐惧是一回事，当恐惧为非理性的时缺乏恐惧又是另一回事。没有非理性的恐惧显然是好事；有控制恐惧的能力也是好事。但是，理性恐惧的缺失是一个可以探讨的问题。不过我将把这个问题推迟到谈完其他形式的勇敢之后再讨论。

在大多数人本能的情感生活中，非理性的恐惧占有极其重要的地位。它的一些病态形式，如迫害妄想症、焦虑情结等，需要由精神科医生治疗。但在那些被认为神志正常的人身上也很常见，只是表现形式较为轻微罢了。它可能是一种危险临近的感觉，更准确地说是"焦虑"，或者是对不危险的东西的一种特殊的恐惧，比如对老鼠或蜘蛛。[1] 过去，人们认为许多恐惧都是本能的，但这一观点现在受到大多数研究者的质疑。显然有少数恐惧是出于本能，例如害怕巨大的声音，但绝大多数恐惧则不是来自经验就是来自联想。例如，怕黑似乎完全是由联想引

---

[1] 关于童年时期的恐惧和焦虑，见威廉·斯特恩所著《幼儿心理学》(*Phychology of Earty Childhood*) 第三十五章 (George Allen and Unwin, Ltd., 1924)。

第二章 教育的目的

起的。我们有理由认为，脊椎动物通常不会对自己的天敌感到本能的恐惧，而是从长辈那里习得了这种情感。如果它们是被人类养大的，其物种中常见的恐惧就会消失不见。但是恐惧是极具传染性的，孩子们从他们的长辈那里学到恐惧，即使他们的长辈没有意识到自己表现出了恐惧。母亲或保姆的胆怯很快就会通过联想被孩子们仿效。迄今为止，男人一直认为女人充满非理性的恐惧是有吸引力的，因为这让男人有机会成为护花使者，而又不用面对真正的危险。但是这些人的儿子会从他们的母亲那里习得这种恐惧，以致之后不得不接受训练来恢复勇气。如果他们的父亲当时没有轻视他们的母亲，他们原本不必失去勇气。女性处于从属地位所造成的危害是无法估量的，恐惧的问题不过是提供了一个偶然的例证罢了。

我现在不打算讨论减轻恐惧和焦虑的方法，后面我会再讨论这个议题。然而，在这个阶段出现了一个问题，即我们能否满足于用压抑的手段来对付恐惧，还是我们非得找到更彻底的治疗方法？传统上，贵族须受训练让他们不表现出恐惧，而从属的民族、阶级和性别则被鼓励保持懦弱。对勇气的考验纯粹是行为主义的：一个人在战斗中不能临阵退缩，他必须精通"男子气概"的运动，他必须在火灾、沉船、地震等事件中镇定自若，等等。他不仅要临危不乱、沉着应付，还必须避免惊慌失色、浑身颤抖或气喘吁吁，或流露出任何其他人容易观察到的恐惧迹象。我认为所有这些都是非常重要的：我希望无论何种民族、阶级和性别中，此种勇气都得到培养。但是，如果采用的方法是压制性的，那么常常会出现这种做法固有的种种弊端。羞愧和耻辱一直是制造表面上的勇气的有力武器；但事实上，它们只会引起多种恐惧的冲突，而担心被公众谴责的恐惧成为最令人胆战心惊的那一种。"永远要说真话，除非有什么事让你害怕"是我童年时学到的格言。我不能赞同这种"除非"。克服恐惧不仅要在行动上，而且要在感情上；不仅要在有意识的感觉中克服，也要在无意识中克服。纯粹在表面上战胜恐惧，的确满足了贵族的准则，但却使恐惧的冲动在暗中运作，产生邪恶扭曲的反应，人们甚至无法辨认出这种反应其实是恐惧的产物。我指的不是"炮弹休克症"[1]，它与恐惧的联系是显而易见的。我指的是统治阶级为了保持自己的统治地位所施行的整个压迫和残酷的制度。最近在上海，一名英国军官下令无须警告，就可从背后射杀一些手无寸铁的中国学生[2]，他显然是被恐惧所驱使，就像一名临阵脱逃的士兵一样。但是，军事贵族们没有明智到去追溯这些行为的心理根源，相反，他们认

---

1 由于战争中神经受到伤害，遇到刺激而发抖的神志不清的状况，又译"弹震症"。——译注
2 指1925年发生在上海的五卅惨案。——译注

为这是一种坚定和适宜的表现。

从心理学和生理学的角度来看,恐惧和愤怒是非常相似的情绪;感到愤怒的人,并不具备最大的勇气。在镇压黑人起义、共产党暴动,以及其他对贵族制度形成威胁的运动时所一贯展现出的残酷,其实是怯懦的一种表现,应该与那些更明显的怯懦形式受到同样的蔑视。我相信,教育普通人,使他们能够无忧无虑地生活,是可能的。然而迄今为止,只有少数英雄和圣贤获得了这样的生活,但他们所做的事普通人也能做到,只要给他们指明方向。

要形成一种不来源于压制的勇气,必须综合许多因素。先从最简单的开始:健康和活力很有帮助,虽然并非必不可少。面对危险情况的训练和技巧非常重要。但是,当我们考虑的不是具体方面的勇气,而是普遍的勇气时,我们需要的是更基本的东西。我们需要的是自尊与非个人的人生观的结合。

先从自尊说起:有些人遵从内心生活,而另一些人不过是他人感受和言论的镜子。后者永远不会有真正的勇气:他们必须受人赞美,并因为害怕失去这种赞美而烦恼。教导人们要"谦卑",在过去被认为是可取的,现在却成了变相产生这种弊端的方式。"谦卑"抑制了自尊,但并没有抑制对他人尊重的渴望,它只是使名义上的自卑成为获取赞扬的手段罢了。因此,它产生了虚伪和对本能的歪曲。孩子们被教导要不假思索地服从，他们长大后又开始要求自己的孩子服从；据说，只有学会服从的人才知道如何发号施令。我的建议是，任何人都不应该学习如何服从，也不应有人试图命令别人。当然，我的意思并不是说合作事业中不应该有领导者，但他们的权威应该像足球队的队长那样，是人们为了达到共同的目的而自愿付出代价。我们的目标应该来源于我们自己，而不是外部权威制定的结果，我们的目标也永远不应该强加给别人。这就是我说任何人都不应该命令、任何人都不应该服从的意思。

最大的勇气还需要一样东西，那就是我刚才所说的非个人的人生观。一个把一切希望和恐惧都集中在自己身上的人，很难泰然自若地看待死亡，因为死亡会消灭他的整个情感世界。在这里，我们又遇到了一种传统，提倡廉价而简单的压抑方式：圣人必须学会放弃自我，必须禁欲、放弃本能的快乐。这固然可以做到，但结果却很糟糕。苦行的圣人为自己放弃了快乐，也让别人放弃快乐，后者更容易。暗中的嫉妒永无止境，使他认为痛苦会使人高尚，因此施加给他人也是正当的。这产生了一种价值观念的完全颠倒：善的东西被认为是恶的，恶的东西被认为是善的。追求美好生活的方式是服从一种消极的规则，而不是扩大和发展自然的欲望和本能，这是一切伤害的根源。人性中有些东西可以让我们不费吹灰之力地超越自我。其中最普遍的是爱，尤其是父母之爱，在某些人身上，甚至可以

第二章　教育的目的

爱及全人类。另一种是知识。没有理由认为伽利略特别悲天悯人，然而他为之而活的目标并没有因他的死亡而消失。还有就是艺术。但事实上，人对每一种自己身外之物的兴趣，都使他的生活在某种程度上超出个人情感。出于这个原因，尽管看似悖论，比起一个只关心自己疾病的可怜的疑病症患者，一个兴趣广泛而生动的人离开人世时会更加从容不迫。因此，完美的勇敢总是体现在一个兴趣广泛的人身上，这种人不是通过轻视自己，而是通过珍视许多身外之物，意识到自己只是广袤世界的一小部分。只有当天性自由而理智活跃时，这种情况才会发生。从这两者的结合中，产生了一种纵欲者和苦行者都不具备的全面的观点；在这种观点看来，个人的死亡乃是微不足道的事。这种勇敢是积极的、出于本能的，而不是消极的、压抑的。这种积极意义上的勇敢，正是我认为的完美品性的主要成分之一。

敏感是我们列出的第三个品质，在某种意义上，它是对单纯的勇敢的一种矫正。一个不了解危险的人更容易表现出勇敢的行为，但这种勇敢往往是愚蠢的。任何一种基于无知或健忘的行为都无法令人满意，尽可能充分的知识和领悟才是必须具备的要素。然而，认知方面属于智力的范畴；敏感，在我使用这个术语的意义上，属于情感范畴。对敏感的一个纯理论的定义是，当许多刺激能在一个人身上引发情绪时，他是情感敏感的；但从如此宽泛的角度来看，这种品质并不一定有益。如果敏感要成为一种好的品质，那么情感反应在某种意义上必须是适度的：单纯反应强烈并不是我们想要的。我心目中的这种品质，是由大量的、合适的事物影响而引发快乐或痛苦感觉的品质。什么是合适的事物，我将尽力解释。大多数儿童在大约五个月大时开始进入一个阶段，即超越如食物和温暖等单纯的感官上的快乐，转向获得社会认可所带来的愉悦。这种愉悦一旦产生，发展非常迅速；每个孩子都喜欢被表扬，讨厌被责备。通常，希望得到别人好评是人一生中最主要的动机之一。它在激励友善行为和抑制贪婪冲动方面当然很有价值。如果我们在赞美他人时更明智一些，它可能会发挥更大价值。但是，只要最受尊敬的英雄仍是杀人如麻之流，那么，仅有对赞美的憧憬不足以使生活变得美好。

敏感的理想形式发展的下一个阶段是同情。有纯粹生理上的同情，比如很小的孩子会因为兄弟姐妹在哭而哭。我认为这为进一步的发展提供了基础。我们需要两方面的扩展：第一，即使受难者并不是我们特别爱的对象，我们也要同情他；第二，即使我们只耳闻痛苦正在发生，而没有切身感受到痛苦时，我们也要感到同情。第二种扩展在很大程度上取决于理智。理智程度低的人最多只可能对优秀小说中描绘得生动而感人的苦难产生同情；而有些人甚至仅看到统计数字就会动容。

第二章　教育的目的

这种抽象同情的能力既罕见又重要。当所爱的人罹患癌症时，几乎每个人都会伤心欲绝。大多数人看到医院里素昧平生的病人所遭受的痛苦时，也会为之心碎。然而，当他们读到癌症的死亡率数字如此之高时，一般来说，他们只会一时担心，唯恐自己或自己所爱的人患上这种疾病。

对战争也是如此：当自己的儿子或兄弟惨遭伤害时，人们认为战争是可怕的，但当一百万人惨遭荼毒时，他们却不认为这有一百万倍的可怕。一个在一切人际交往中都充满善意的人，他的收入可能来自煽动战争或在"落后"国家虐待儿童。所有这些令人熟悉的景象，都是因为对大多数人来说，仅仅是抽象的刺激不会激起他们的同情。如果这一点能得到纠正，现代世界的大部分罪恶就会消失。科学极大地提升了我们影响远方人们生活的能力，却没有增加我们对他们的同情。设想一下你是上海一家棉纺厂的股东。你可能是个大忙人，当初投资时只是听从了财务建议；你只对你的分红感兴趣，对上海和棉花都不感兴趣。然而，你却成为屠杀无辜人民的暴力的一部分，因为你的红利建立在孩子们被迫从事违背人性的危险劳动的基础上。你并不在意，因为你从未见过这些孩子们，抽象的刺激无法打动你。这就是大规模工业主义如此残酷的根本原因，也是对隶属种族的压迫被容忍的根本原因。唯有通过教育培养对抽象刺激的敏感，才能使这类事情不再发生。

认知敏感性也应该在我们的讨论范围内，它实际上与观察的习惯是一回事，因此若与理智放在一起讨论则更自然。审美敏感性则涉及许多我不希望在现阶段讨论的问题。因此，我将继续讲我们所列举的四种品质中的最后一种，即智慧。

轻视智慧是传统道德的一大缺陷。希腊人在这方面并没有错，但是教会引导人们认为，除了美德，其他都不重要，而美德就是不做一系列被武断地称为"罪"的行为。只要这种态度继续存在，就不可能使人们认识到智慧比人为认定的"美德"更有价值。我所说的智慧，既包括实际的知识，也包括对知识的接受能力。事实上，这两者是紧密相连的。无知的成年人是无法教育的，比如在卫生、饮食等问题上，他们完全不相信科学的观念。一个人学得越多，就越容易多学——前提是他受的不是教条主义的教育。无知的人从来没有被迫改变他们的思维习惯，因此僵化到顽固不化的程度。他们不仅在应该怀疑的地方轻信，还偏偏在应该接受的地方疑虑重重。毫无疑问，"智慧"一词确切地说是指获取知识的能力，而不是已经获得的知识，但我认为这种能力只能通过练习才能获得，就像钢琴家或杂技演员的能力一样。当然，不训练智慧的方式也可以传授知识，这不仅是可能的，而且很容易，人们也经常这样做。但我不相信，不传授知识（或至少不使人获得知识）就能训练智慧。没有智慧，我们复杂的

第二章 教育的目的

现代世界就无法存在,更不能取得进步。因此,我认为智慧的培养是教育的主要目的之一。这似乎是老生常谈,但事实并非如此。教育者总希望对学生灌输所谓的正确的信念,因而常常忽视对智慧的训练。为了阐明这一点,有必要对智慧下一个更细致的定义,以便发现智慧所需要的思维习惯。为此,我将只考虑获取知识的能力,而不考虑理应包含在智慧定义中的实际累积的知识。

智慧生活的本能基础是好奇心,即使在动物身上,我们也能发现这种好奇心以其初级形式存在。智慧需要敏锐的好奇心,但这种好奇心必须特属某种类型。那种使村里的邻居在天黑后躲在窗帘后面试图窥视的好奇心并没有很高的价值。对八卦的广泛兴趣并非出于对知识的热爱,而是出于恶意:没有人会八卦别人尚不为人知的美德,但却会对他们遮掩的坏事说三道四。因此,大多数流言蜚语都不是真的,但人们会刻意不去澄清。我们邻居的恶行简直就像宗教的慰藉一样,是如此令人愉快,以至于我们不愿停下来去追究证据。另一方面,真正的好奇心是由真正的求知欲所激发的。如果一只猫被带到一个陌生的房间,它就会闻遍每一个角落和每一件家具,你看到的是这种冲动以一种比较纯粹的形式在发挥作用。你也会在孩子身上看到这种冲动,例如,当一个抽屉或橱柜通常是关着的,此时打开让他们查看时,他们会产生强烈的兴趣。动物、机器、雷雨以及各种形式的手工劳动都能激起孩子们的好奇心，他们对知识的渴望使最具智慧的成年人都自惭形秽。随着年龄的增长，这种冲动会逐渐减弱，直到最后，对不熟悉的事物只会产生厌恶，进一步了解的欲望消失殆尽。到了这个阶段，人们就会说国家一蹶不振大不如前了，"现在的情况和我年轻时不一样了"。其实与那个遥远的时代不一样的是说话人的好奇心。我们可以认为，随着好奇心的消亡，活跃的智慧也跟着消亡了。

尽管好奇心的强度和范围在童年后会减弱，但质量上可能会在很长一段时间内不断进步。对一般命题的好奇心比对特定事实的好奇心显示出更高水平的智慧；一般来说，普遍性越强，所涉及的智慧水平就越高（但对这一规则的理解不能过于严格）。与个人利益无关的好奇心比譬如说与获取食物有关的好奇心显示出更高的发展程度。在陌生房间里嗅来嗅去的猫并不是一个完全无私的科学探索者，它可能还想知道周围是否有老鼠。断言好奇心在无关利害时是最好的也许并不完全正确，不如说当它与其他利益的联系不是直接而明显的，只有借助一定程度的智慧才能发现时，它才是最好的。然而，我们没有必要对此下定论。

好奇心若想富有成效，就必须与某种获取知识的技巧结合起来。必须有观察的习惯，相信知识的可能性，还要有耐心和

第二章 教育的目的

勤奋。只要有最初的好奇心和适当的智力教育，这些东西自然会养成。但是，由于我们的智慧生活只是我们活动的一部分，而且好奇心总是与其他激情发生冲突，所以我们还需要某些智慧上的美德，例如开放的心态。由于习惯和欲望，我们会抗拒新的真理；我们会发现难以否定多年来我们一直坚信的东西，以及放弃那些带来自尊感或任何其他重要感受的东西。因此，开放的心态应该是教育旨在培养的品质之一。目前，这只在非常有限的程度上得到了实现，如1925年7月31日《每日先驱报》的以下段落所言：

> 被任命调查布特尔[1]学校教师腐蚀儿童思想指控的特别委员会，已将调查结果提交给布特尔区议会。委员会认为这些指控属实，但议会删除了"属实"一词，并表示"有理由对这些指控进行合理的调查"。委员会提出并经议会采纳的一项建议是，今后任命的教师应承诺培养学生敬畏上帝和宗教，并尊重当地的政府和宗教机构的习惯。

由此可见，无论其他地方可能发生什么，在布特尔是不可

---

[1] 布特尔是英国利物浦市附近一小城。——译注

能有开放的心态的。希望区议会赶紧派一个代表团到田纳西州的代顿市[1]，进一步了解实施其方案的最佳方法。但去代顿市大概也学不到更多了。从决议的措辞来看，布特尔似乎在蒙昧方面无须指导。

勇气对于思想上的正直和身体上的英勇都是必不可少的。现实世界远比我们想象中存在更多的未知；从生命的第一天起，我们就开始练习不可靠的归纳，把我们的心理习惯与外部自然规律混为一谈。各种各样的思想体系都像孤儿院一样，随时准备用安全感来换取奴役。自由的精神生活不可能像被信条包围的生活那样温暖、舒适和友善：只有信条才能给人一种暴风雪肆虐时自己端坐炉边的舒适感觉。

这就向我们提出了一个难题：美好的生活应该在多大程度上不受群体的约束？我不愿使用"群体本能"这个词，因为它的正确性存在争议。但是，无论如何解释，它所描述的现象是我们所熟悉的。我们愿意与那些我们自认为是同类，并希望合作的群体——我们的家庭、邻居、同事、政党或国家——好好相处。这很自然，因为没有合作，我们就无法获得生活中的任何乐趣。此外，情绪具有传染性，尤其是当许多人同时感

---

[1] 代顿市议会曾屈服于教会的压力，用法令禁止学校内讲授进化论。此处罗素用的是反语。——译注

第二章 教育的目的

受到这种情绪时。很少有人能在气氛热烈的会场保持冷静，如果他们是其中的反对派，他们的反对意见也会很激烈。对大多数人来说，只有当他们可以从某个能给予他们认可的不同群体的思想中得到支持时，才可能进行这样的反对。这就是为什么"圣徒相通"[1]会给受迫害的人这样多的慰藉。我们是应该默许这种与群体合作的愿望，还是应该通过教育尝试削弱这种愿望？两种做法存在争论，正确的答案应当是找到一个合适的比例，而不是全盘接受其中一方。

我个人认为，取悦他人和与人合作的欲望应该是强烈而正常的，但在某些重要时刻，也应该能够被其他欲望所战胜。我们已将取悦他人的欲望的合理性与敏感联系在一起讨论过了。没有这种欲望，我们都将是野蛮人，家庭及所有社会群体都不可能存在。如果孩子不希望得到父母的表扬，对他们的教育就会非常困难。情绪的传染特性也有它的用处，如果这种传染是从聪明人传染到蠢人的话。但在恐慌性恐惧和愤怒的情况下当然就有害了。因此，情感感受性的问题绝不简单。即使在纯智力方面，这个问题也不容易搞清。伟大的发现者们不得不对抗群体压力，并因其特立独行而招致敌意。但是对一般人来说，

---

[1] 基督教神学语词，指通过洗礼与基督合为一体，全体信徒之间达成一种团契。——译注

从众得到的观点可能比起独立思考得到的观点还是明智一些：至少在科学领域，他对权威的尊重总体上是有益的。

我认为，如果一个人的境况不是很特殊，那么他生活中的大部分领域应该被粗略地称为群体本能的东西所支配，而在小部分领域里不受这种本能影响。这个小范围应该包括他的专长范围。如果一个男人欣赏一个女人只是因为别人都赞美她，我们就会瞧不起他：我们认为，一个人在选择伴侣的时候，应该以他自己独立的感情为指导，而不是被所处社会影响。在评判一般人时，他附和邻居的观点并无大碍，但是当他坠入爱河时，他应该以自己独立的感情为指导。在其他方面，情况也大体相同。一个农民对自己耕种的土地的生产能力应该有他自己的判断，不过他的判断应该是在获得科学的农业知识之后形成的。一位经济学家应该对货币问题作出独立的判断，而普通人最好听从权威。凡是有专长的地方，就应该有独立性。但一个人不应该把自己变成刺猬，竖起硬刺，拒人于千里之外。我们的大部分日常活动需要合作，而合作必须有一种本能基础。然而，我们都应该学会对自己专长领域的事情独立思考，倘若我们的意见很重要却不受欢迎，我们都应该有勇气直言不讳。当然，在具体情况下应用这些普遍性原则可能是困难的。但是，在一个人们普遍具有我们在本章中所讨论的美德的世界里，这将比目前要容易得多。这样的世界不会出现受迫害

第二章 教育的目的

的圣徒。善良的人不会时而义愤填膺时而如履薄冰；他的善行是因为遵从内心冲动，并将伴随着本能的幸福。他的邻居不会恨他，因为他们不惧怕他；对先驱者的憎恨是由于恐惧，而这种恐惧在已获勇气的人之中是不会存在的。只有被恐惧支配的人才会加入三K党或法西斯。在一个充满勇敢者的世界里，不会有这样迫害人的组织，美好生活与本能之间的矛盾也会比现在少得多。美好的世界只能由无所畏惧的人创造和维持，但是他们越是成功地完成自己的任务，表现他们勇气的机会就越少。

一个由最高水平的教育所能培养的具有活力、勇敢、敏感和智慧的男男女女组成的社会，将与迄今为止存在的任何社会都大不相同。很少有人会不幸福。目前造成不幸福的主要原因是：身体不健康、贫穷和性生活不和谐。所有这些都将变得罕见。健康几乎普及，衰老也将得到延缓。自工业革命之后，集体愚昧才会带来贫穷这一结果。敏感会让人们想方设法消灭贫穷，智慧会给他们指明道路，勇气会促使他们行动起来。（胆小的人宁愿痛苦度日，也不愿特立独行。）目前大多数人的性生活或多或少都不尽如人意。这一方面是因为错误的教育，另一方面要怪当局和格伦迪夫人[1]的迫害。若有一代没有受过不合理的性恐惧教育的女性出现，很快这一切就会终结。恐惧一直被认为是让女人变得"贞洁"的唯一途径，因此她们被故意教育成身体孱弱、精神懦弱的人。爱情受到束缚的女人会助长丈夫的残忍和虚伪，并扭曲孩子的天性。一代无所畏惧的女性可以改变世界，因为她们会带来一代无所畏惧的孩子，这些孩子天性没有扭曲变形，而是正直、坦诚、慷慨、友爱和自由的。他们的热情会扫除我们因懒惰、懦弱、冷酷和愚蠢而忍受的残酷和痛苦。我们有这些坏品质是因为教育，我们要获得与之相反的美德也必须靠教育。教育是开启新世界的钥匙。

现在是时候结束泛泛之谈了，下面将讨论体现我们的理想的具体细节。

---

[1] 英国剧作家托马斯·默顿（Thomas Morton，1764—1838）所著喜剧《加快耕耘》中的人物，指过分重规矩，拘泥礼节，事事挑剔，喜欢干涉别人私生活的人。——译注

第二部分

品性教育

Education of Character

第三章　第一年

以前，生命的第一年被摒弃在教育范围之外。至少在婴儿会说话之前，甚至到他们更大，都由母亲和保姆全天候照料，因为人们认为她们本能地知道什么对孩子好。事实上，她们并不知道。很多孩子在出生的第一年就夭折了，存活下来的孩子中，有许多身体也很不健康。糟糕的护理也成为今后灾难性心理习惯的根源。所有这一切直到最近才为人们所认识。科学对育儿的干涉常常遭到抱怨，因为它扰乱了母亲和孩子柔情相依的画面。但多愁善感和父母之爱是不能共存的；爱孩子的父母会希望孩子活下去，即使需要为此动用智慧。相应地，我们发现，这种多愁善感，在没孩子的人或者像卢梭一样愿意把自己的孩子送往育婴堂的人身上最为强烈。大多数受过教育的父母都渴望了解科学的做法，而没有受过教育的父母也想从妇产中心学习，其成效是婴儿死亡率显著下降。我们有理由认为，只要有适当的护理和技术，很少会有孩子在婴儿期夭折。不仅如此，存活下来的孩子的身心也会更健康。

严格来说，身体健康的问题不在本书的讨论范围之内，必

第三章 第一年

须留给医疗从业者去讨论。只有在具有心理学上重要性的地方，我才会涉及这些问题。但是，在生命的头一年里，生理和心理是很难区分的。此外，在护理婴儿时所犯的纯粹生理上的错误，还可能导致后来的教育者的困难处境。因此，我们不能完全避免在本不属于我们的领域中进行一些讨论。

刚出生的婴儿有反射和本能，但没有习惯。婴儿在子宫里养成的任何习惯在新环境中都是无用的：有时甚至连呼吸都要学习，有些孩子因为没有足够快地学会这点而死亡。婴儿有一种发育得很好的本能，那就是吮吸；当他吮吸时，他会对自己的新环境感到自在。但对婴儿来说，其余醒着的生活都是在一种茫茫然中度过的，为了从这种状态中解脱出来，他24小时的大部分时间都在睡觉。两周后，这一切都变了。婴儿从定期重复的经历中学会了期待。他已经是一个保守主义者了——可能是比以后任何时候都更彻底的保守主义者。他讨厌任何新事物。如果能说话，他会说："你认为我会在这个年纪改变一辈子的习惯吗？"婴儿形成习惯的速度之快令人诧异。每一个养成的坏习惯都是日后养成好习惯的障碍，这就是为什么婴儿早期最初形成的习惯如此重要的原因。如果最初的习惯是好习惯，就能免除日后没完没了的麻烦。而且，早期养成的习惯，在以后的生活中，就像本能一样根深蒂固；后来养成的相反的新习惯不可能有同样的力量。正因为这个原因，最初的习惯是一个非常值得关注的问题。

当我们讨论婴儿期的习惯形成时,有两点需要思考。首先也是最重要的,是健康;其次,是品性。我们希望孩子成为讨人喜欢的人,能够顺利地应对生活中的各种事务。幸好健康和品性指向同一个方向:对一方面有益的,对另一方面也有益。虽然本书中我们特别关注的是品性,但健康也需要同样的训练。这样,我们就不必在身强力壮的恶棍和弱不禁风的圣人之间做艰难的选择。

如今,每一位受过教育的母亲都知道这样一些简单的事实,比如定时喂婴儿,而不是一哭就喂。之所以采取这种做法,是因为这样对孩子的消化比较好,这是一个完全令人信服的理由。而且从道德教育的角度来看,这也是可取的。婴儿远比成年人通常认为的要"狡猾"(不是美式英语里可爱的意思),如果他们发现啼哭能带来令自己满意的结果,他们就会啼哭。在以后的生活中,当抱怨的习惯得到的是他人的厌恶而非娇宠时,他们会感到惊讶和愤恨,世界在他们看来似乎变得冷酷无情。然而,如果她们长大后成为迷人的女性,她们在发牢骚的时候还是会得到娇宠,从小养成的陋习就会愈演愈烈。富人也是如此。除非在婴儿期就受到正确的对待,否则人们在以后的生活中会依据自己能力的大小变得要么怨气冲天,要么贪得无厌。出生那一刻就是道德训练的最佳时机,因为

第三章 第一年

那时婴儿还不懂什么是期待落空。如果延迟到以后的任何时候开始训练，就不得不与相反的习惯作斗争，并因此招来怨恨。

因此，在对待婴儿时，需要在忽视和迁就之间取得微妙的平衡。维持其健康所必需的一切都应该做到。孩子受风寒时要悉心照料，一定要让他保持干燥和温暖。但如果在没有充分的生理原因的情况下哭闹，就应该让他自己哭；否则的话，他很快就会变成"暴君"。照顾他的时候不要太小题大做：该做的事一定要做，但不要过分表示关心。任何时候都不应把他看作比小狗更有趣的讨人喜欢的宠物。从一开始就必须把他当作一个潜在的成年人来认真对待。在成年人身上看来难以忍受的习惯，在孩子身上可能是讨人喜欢的。当然，孩子不可能真正拥有成年人的习惯，但我们应该避免一切阻碍他们养成这些习惯的障碍。最重要的是，我们不应该给孩子一种自视过高的感觉，否则他长大后的经历会让他觉得被"打脸"，而且这种自大无论如何是不符合事实的。

婴儿教育的困难很大程度上在于要求父母保持微妙的平衡。为了避免对健康的损害，需要父母持续的照护和大量的劳动；除非有强烈的父母之爱，否则很难达到足够的程度。但是，这种父母之爱又可能变得不明智。对尽职的父母来说，他们将孩子视若珍宝。除非保持警惕，否则孩子会感受到这一点,并认为自己和父母认为的一样重要。在以后的生活中,他所处的社会环境不会那么看重他,而认为自己是宇宙中心的习惯会导致失望。因此,不仅在第一年,而且在以后的日子里,父母对孩子可能出现的小毛病都应该尽量表现得心平气和、泰然自若,宁可当作小事一桩。过去,婴儿既受限制,同时又被溺爱。他们的四肢得不到自由,他们穿得太过暖和,他们本能的活动受到了阻碍;但他们得到了爱抚,有人唱歌给他们听,帮他们摇摇篮,逗他们开心。这些做法是错误的,因为这把他们变成了无助的、娇生惯养的寄生虫。正确的做法是:鼓励自发的活动,但不鼓励对他人提要求;不要让孩子看到你为他付出了多少,或者你费了多大心力;只要有可能,尽量让他品尝自己努力取得成功的喜悦,而不是用对大人的颐指气使来达到目的。在现代教育中,我们的目标是把外在的纪律降到最低限度;但这需要一种内在的自律,而这种自律在生命的第一年比在其他任何时期都更容易获得。比如,当你想让孩子睡觉的时候,不要摇摇篮,也不要把他抱在怀里,甚至不要待在他能看到你的地方。因为一旦你这样做了一次,孩子就会要求你下次也这样做;在极短的时间内,哄孩子睡觉就变成了一件难办的事情。让孩子保持温暖、干燥、舒适,坚决地放下他,说几句悄悄话后,就让他自己睡吧。他可能会哭上几分钟,但除非身体不舒服,否则他很快就会停止哭泣。如果你再回去看,你会发现他已经睡得很熟了。这种方法比爱抚和迁就让他睡得更香。

正如我们之前观察到的，刚出生的婴儿没有习惯，只有反射和本能。由此可见，他的世界不是由"对象"组成的。在"对象"的概念产生之前，反复出现的经验是必要的。婴儿床的感觉、母亲乳房（或奶瓶）的感觉和气味，以及母亲或保姆的声音，很快就会变得熟悉起来。但稍晚才能熟悉母亲或婴儿床的视觉外观，因为新生儿还不知道如何集中视力以便清晰地看到形状。通过联想形成习惯后，触觉、视觉、嗅觉和听觉才逐渐结合在一起，形成一个对象的常识概念，有了这个概念后就会期待它再次出现。尽管如此，婴儿在一段时间内几乎感觉不到人和物的区别；部分母乳喂养、部分奶瓶喂养的婴儿，也会在一段时间内，分辨不出母亲和奶瓶的差别。在这段时间里，教育必须纯靠物质手段。婴儿的快乐是物质上的（主要是食物和温暖），他的痛苦也是身体上的。行为习惯是通过寻求与快乐有关的东西，避免与痛苦有关的东西而产生的。孩子的啼哭有时是痛苦的反应，有时是追求快乐的行动。当然，一开始只是前者。但是，既然孩子可能遭受的任何真正的痛苦都会尽可能地被消除，那么他就不可避免地要把啼哭与快乐的后果联系起来。因此，孩子很快就会因为渴望快乐，而不是因为感到身体上的疼痛而啼哭，这是孩子最初的智慧成就之一。但是，不管他怎么努力，他也不能像真正痛苦时那样发出同样的哭声。妈妈仔细听就知道其中的区别，如果她明智的话，就应该忽略那些不是表达身体疼痛的啼哭。逗弄婴儿或对着他唱歌来逗他开心固然既轻松又愉快，但是，婴儿会以惊人的速度学会要求越来越多的娱乐，这很快就干扰了必要的睡眠——除了吃饭，睡眠本该占据一天的全部时间。这些建议可能看起来很严厉，但经验表明，这些做法有利于孩子的健康和幸福。

尽管成年人提供的娱乐应控制在一定的范围内，但婴儿自主的娱乐则应最大限度地鼓励。从一开始，婴儿就应该有踢腿和锻炼肌肉的机会。我们的祖先为何能如此长久地坚持用褴褓裹住婴儿，简直不可思议；这说明，即使是父母之爱也难以克服懒惰，因为四肢自由的婴儿需要更多的关注。孩子一旦能集中视力，他就开始喜欢看移动的物体，尤其是风中飘动的东西。在孩子学会抓住他所看到的物体之前，可能的娱乐活动很少，但等他学会之后，快乐就会大大增加。在一段时间内，练习抓握足以保证他在醒着的时间很快乐。在摇铃等声响中获得快乐也出现在这个阶段。对脚趾和手指的控制则要稍早一些。一开始，脚趾的运动纯粹是反射性的；然后婴儿发现，脚趾是可以随意移动的。这几乎带来类似征服他国的乐趣：脚趾不再是外部的东西，而融入了自我。从这个时候开始，只要有合适的东西在他够得到的范围内，孩子就能找到许多娱乐。而孩子

第三章 第一年

的大部分娱乐，正是他的教育所需要的——当然，前提是别让他摔倒，或吞下别针，或以其他方式伤害到自己。

总的来说，出生后的头三个月对婴儿来说，是一段有点沉闷的时光，除了享受食物的时候。他觉得舒适时就睡觉；当他不睡时，通常会有一些不适。人的快乐取决于心智能力，但由于缺乏经验和对肌肉的控制力，心智能力在三个月以下的婴儿身上几乎无从施展。幼小的动物更早享受生活，因为它们更多地依赖本能而不是经验；但是婴儿凭本能所能做的事情太少了，只能给他们提供最低限度的快乐和乐趣。总之，头三个月很无聊。但是，这种无聊对于足够的睡眠来说是必要的；如果做很多事情来逗弄孩子，他就会睡眠不足。

在大约两到三个月的时候，孩子学会了微笑，并且对人产生了不同于物品的感觉。在这个年龄段，母亲和孩子之间开始建立社会关系；看到母亲时，孩子能够而且确实会表现出快乐，并发展出不仅仅是动物性的反应。很快，对表扬和赞许的渴望就会发展起来：在我儿子身上，这种渴望在五个月大的时候第一次明确地表现出来，经过多次尝试，他成功地从桌子上拿起了一个有点重的铃铛，并摇了摇它，同时带着自豪的微笑环顾四周的每个人。从这一刻起，教育者就有了一件新武器——表扬和责备。这一武器在整个童年时期都异常强大，但使用时必须非常谨慎。第一年根本不应该责备孩子，以后也应该尽量少责备。表扬的害处要小一些。但不应轻易给予表扬，以致失去其价值，也不应该用表扬来过度刺激孩子。当孩子第一次走路，第一次说清楚一个单词时，再沉稳的父母都忍不住要表扬他。一般来说，当孩子经过坚持不懈的努力掌握了一项困难技能时，表扬是一种适当的奖励。此外，让孩子感到你支持他对学习的渴望也有好处。

但总的来说，婴儿的学习欲望是如此强烈，父母只需要提供学习机会即可。给孩子一个发展的机会，剩下的就靠他自己的努力。没有必要教孩子爬或走路，或学习其他任何肌肉控制的基本方法。当然，我们会通过对孩子说话来教他们说话，但我怀疑刻意教孩子说话是否能达到目的。孩子们会按照自己的节奏学习，试图揠苗助长是错误的。人的一生中，努力的最大动力是经历最初的困难之后体验到成功。困难不能大到使人气馁，也不能小到无法激励人努力。这是贯穿一生的一个基本原则。我们是通过身体力行来学习的。大人们能做的，就是先做一些孩子想要完成的简单动作，比如摇摇拨浪鼓，然后让孩子自己摸索怎么做。别人的行为仅仅是激发进取心，它本身绝不是一种教育。

规律和惯例在幼儿时期是最重要的，尤其是在出生的第一年。关于睡眠、饮食、排便，从一开始就要养成规律的习惯。此外，熟悉周围环境在心理上也是非常重要的，它教会孩子如

第三章 第一年

何认知，避免过度紧张，并产生一种安全感。我有时觉得，对自然统一性的信念——据说是一种科学假设——完全是出于对安全的渴望。我们能够应付预期内的事情，但如果自然规律突然改变，我们就会灭亡。婴儿因其脆弱，需要安全感，如果一切事情似乎都按照不变的规律发生，乃至可以预测，他会更快乐。在童年后期，对冒险的热爱会发展起来，但在生命的第一年，一切不寻常的事情往往会引起警惕。如果可能的话，不要让孩子感到恐惧。如果孩子生病了，你很焦虑，要小心地掩饰你的焦虑，以免这种焦虑通过暗示传递给孩子。避免任何可能引起兴奋的事情。不要纵容孩子的自大，让他知道你介意他不睡觉、不吃饭、不排便。这不仅适用于出生第一年，更适用于随后的几年。永远不要让孩子认为必要的日常行为（比如本该是享受的吃饭一事）是你的期望，或是你想让他做来取悦你的行为。否则，孩子很快就会觉得他获得了一种新的权力来源，于是，他应该自发去做的事情也变得需别人哄着才能做了。不要以为孩子没有这种行为的智慧。他们的能力很小，知识有限，但他们和没有这些限制的成年人一样聪明。他在头十二个月里学到的东西，比在今后同样的时间里学到的东西要多，如果没有非常活跃的智力这是不可能的。

总而言之，即使是对刚出生的婴儿，也要尊重他，把他当作一个在世界上占有一席之地的人。不要为了你一时的方便，也不要为了你照顾他获得的乐趣而牺牲他的未来,这两者都是有害的。在这里,与在其他地方一样,如果要保持行进在正确的道路上,爱和知识必须结合起来。

第四章　恐惧

在接下来的章节中,我打算讨论道德教育的各个方面,特别是从两岁到六岁期间的道德教育。到孩子六岁时,道德教育应该基本完成;也就是说,今后所需要的其他美德,应该由孩子自动地发展,这是基于已经养成的良好习惯和已经激发的进取心的结果。只有在早期的道德训练被忽视或缺乏的情况下,才需要在以后的年龄进行大量的道德训练。

假设孩子已经健康快乐地长到十二个月大,上一章所讨论的方法也充分奠定了训练有素的品性的基础。当然,即使父母采取了目前科学上已知的一切预防措施,仍然会有一些孩子的健康状况不佳。但是我们可以期盼,随着时间的推移,不健康的孩子的数量会大大减少。即使是现在,如果充分运用现有的知识,这个数字也应该少到在统计上不重要的程度。我不打算讨论对那些没有受过良好早期教育的孩子应该做些什么,这是专业教育者的问题,而不是家长的问题,而本书主要是针对家长的。

生命的第二年应该是非常快乐的一年。走路和说话这样的新成就带来一种自由和力量的感觉。孩子每天在这两方面都有进步。[1]他们学会独立玩耍,对"看世界"的感觉比一个人从最广博的环球旅行中获得的还要生动。鸟与花,河与海,汽车、火车和轮船都给孩子带来欢乐,引起他们强烈的兴趣。好奇心是无限的,"想看"是这个年龄段最常见的一句话。脱离了婴儿床和婴儿车的禁锢,在花园、田野或海岸自由奔跑,让他们产生一种无羁的狂喜。这时他们的消化能力通常比一岁强,能吃的食物种类也更丰富,咀嚼也成为一种新的乐趣。由于上述原因,如果孩子被照顾得很好,身体健康,生活就会成为一场美妙的冒险了。

但是,随着步行和跑步的独立性的增强,一种新的胆怯也容易随之而来。刚出生的婴儿很容易受到惊吓,华生博士[2]和夫人发现,最使婴儿惊恐的是巨大的噪声和跌落的感觉。[3]然而,婴儿被保护得太好,几乎没有机会合理地体验这种恐惧;而且在真正的危险中,婴儿也无能为力,所以恐惧对他没有任何用处。到了第二年和第三年,又有新的恐惧产生了。这在多

---

[1] 这可能并不完全准确。大多数孩子都有明显的发育停滞期,这会使没有经验的父母感到焦虑。但也许在这段时间里,孩子们正以不易察觉的方式取得进步。

[2] 约翰·华生(John Watson,1878—1958),美国心理学家,行为主义心理学创始人。——译注

[3] 《婴儿心理学研究》,载《科学月刊》,1921年12月,第506页。

第四章 恐惧

大程度上是由于联想,在多大程度上是因为本能,没有定论。恐惧在第一年不存在的事实并不能否定它来自本能,因为本能可能在任何年龄成熟。即使是最极端的弗洛伊德主义者也不会坚持认为性本能在出生时就成熟了。显然,能自己跑来跑去的孩子比不会走路的婴儿更需要恐惧;因此,如果恐惧的本能随着这种需要而产生,也就不足为奇了。这个问题具有相当大的教育上的重要性。如果所有的恐惧都是由联想引起的,那么只要采取一个简单的办法,即不在孩子面前表现出恐惧或厌恶,就可以避免恐惧。反之,如果有一些恐惧是本能的,就需要更复杂的应对方法。

查尔默斯·米切尔博士[1]在他的《动物的童年》一书中,通过大量的观察和实验,来证明动物幼崽通常没有遗传性的恐惧本能。[2] 除了猴子和少数鸟类外,动物幼崽看到自己物种的天敌,比如看见蛇的时候,没有丝毫的惊恐,除非它们的父母教会它们对这些动物感到恐惧。一岁以下的儿童似乎从来都不怕动物。华生博士曾用以下方法教一个一岁以下的孩子害怕老鼠,在他给孩子看老鼠的那一刻,他就在孩子的脑后反复地敲

---

1 查尔默斯·米切尔(Peter Chalmers Mitchell, 1864—1954),英国动物学家,曾任伦敦动物学会主席,创办了惠普斯奈德动物园。——译注
2 我是从保罗·鲍斯菲尔德博士的《性与文明》一书中的一段引文中得知这些段落的,该书强烈主张同样的观点。

锣。锣声很可怕,于是通过将锣声和老鼠联系起来,老鼠也变得可怕了。但在最初的几个月里,儿童似乎没有对于动物的本能恐惧。对黑暗的恐惧似乎也从来不会发生在那些没有受过黑暗是可怕的这一暗示的孩子身上。我们有充分的理由认为,我们过去认为是本能的大多数恐惧都是后天习得的,如果不是成年人的暗示,它们根本就不会产生。

为了对这个问题有新的认识,我仔细观察了我自己的孩子们;但由于我并不完全知道保姆和女仆可能对他们说了些什么,所以对事实的解释可能也有不可靠之处。据我判断,他们证实了华生博士关于生命第一年的恐惧的观点。在第二年,他们仍没有表现出对动物的恐惧,除了我女儿有一段时间害怕马。然而,这显然是由于一匹马突然从她身边疾驰而过,发出一声巨响。她现在还未满两岁,因此,我对更大孩子的观察主要依靠我的儿子。快满两岁时,他有了一个新保姆,这个保姆很胆小,特别怕黑。他很快就学会了她的恐惧(一开始我们对此一无所知);他躲着狗和猫,在黑暗的橱柜前畏畏缩缩,要求天黑后房间各处都要有灯,甚至第一次见到他的小妹妹时都很害怕,显然,他认为她是某种未知物种的奇怪动物。[1] 所有这些

---

[1] 我认为这种恐惧和对机械玩具的恐惧(见下文)相同。他第一次见到妹妹睡着时,以为是个娃娃;后来她动了,他吓了一跳。

第四章 恐惧

恐惧可能都是从那个胆小的保姆那里学来的；事实上，在保姆走后，他的这些恐惧也逐渐消失了。然而，还有其他的恐惧不能用同样的方式来解释，因为它们在保姆来之前就存在了，而且是针对成年人不会感到害怕的东西。其中最主要的是害怕一切突然移动的东西，特别是影子和机械玩具。通过观察，我了解到，这种恐惧在童年时期是正常的，而且有充分的理由认为其来自本能。威廉·斯特恩[1]在他的《幼儿心理学》一书中讨论了这个问题，第494页，标题为《对神秘事物的恐惧》，内容如下：

> 这种形式的恐惧的特殊意义，特别是在幼儿期，没有引起老一辈儿童心理学家的注意；它是最近由格罗斯[2]和我们建立的。"与对已知危险的恐惧相比，对陌生事物的恐惧似乎更像是原始本性的一部分（格罗斯，第284页）。"如果孩子遇到任何不符合他熟悉的认知过程的事情，有三种情况可能发生。第一种可能是，对遇到的事物的印象十分陌生，以至于简单地视为异物而拒绝接纳，

---

[1] 威廉·斯特恩（William Stern, 1871—1938），德国心理学家，教育心理学先驱，提出了"智商"概念。其著作《幼儿心理学》于1914年出版。——译注

[2] 卡尔·格罗斯（Karl Groos），德国儿童心理学家，提出了"能力练习说"的游戏理论。——译注

意识上也没有注意到它。第二种可能是，通常的认识过程被明显地打断，足以引起注意，但又不至于严重到引起失调，反而成为令人惊奇的事，产生对知识的渴望，也是一切思考、判断、探究的开端。第三种情况是，突如其来的新事物猛烈地冲击旧事物，使熟悉的观念陷入意想不到的混乱，缺乏立即进行实际调整的可能，继而产生一种带有强烈不愉快的震惊，即对神秘物（不可思议之物）的恐惧。格罗斯以敏锐的洞察力指出，这种对神秘之物的恐惧明显建立在本能恐惧的基础之上；它与一种代代相传的生物学的必然性相适应。

斯特恩举了许多例子，其中包括害怕突然打开的雨伞和"经常害怕机械玩具"。顺便说一下，前一种恐惧在马和牛身上表现得也非常强烈，我曾经证实过，一大群牲畜可以因此狂奔而逃。我儿子的恐惧就是这一类，就像斯特恩描述的那样。让他害怕的影子是街上经过的在家看不见的物体（比如公共汽车）投进房间里的模糊的、快速移动的影子。我用手指在墙上和地板上制造影子，让他模仿我，从而治愈了他的恐惧。他很快就理解了影子是如何产生的，并喜欢上了它们。同样的道理也适用于机械玩具，看到玩具里的机械装置后，他就不再害怕了。但看不见机械装置的时候，这个不再害怕的过程就很缓

第四章 恐惧

慢。有人给了他一个垫子,坐在上面或按一下,垫子就会发出长长的悲鸣声。这个东西让他害怕了很长时间。但无论如何我们都没有把这个可怕的东西完全拿走,而是把它放到稍远的地方,这样它只会引起轻微的恐惧;我们让孩子逐渐对它产生熟悉感,就这样一直坚持,直到恐惧完全消失。一般说来,最初引起恐惧的那种神秘性,随着恐惧的被征服会产生快感。我认为不应该对非理性的恐惧简单地放任不管,而应该通过慢慢熟悉它的没那么恐惧的形式而逐渐克服。

对于孩子完全缺乏的两种理性恐惧,我们则采取了相反的处理方法,不过这也许是错误的。我一年里有半年的时间都住在多岩石的海岸边,那里有许多悬崖峭壁。我儿子完全不知道高处的危险,如果我们放任不管,他可能会直接从悬崖上冲进海里。一天,我们坐在一个陡峭的斜坡上,斜坡的尽头是一百英尺的陡坡,我们就像解释一个科学事实那样平静地向他说明,如果他从悬崖上下去,就会像盘子一样掉下来摔碎。(他最近见过一个盘子掉在地上摔成碎片的情景。)他静静地坐了一会儿,对自己说"摔下来,摔碎",然后要求别人把他从悬崖边缘抱远一点。那是在他大约两岁半的时候。从那时起,在我们留意他的情况下,他对高处的恐惧感足以让他保持安全。但如果让他一个人待着,他还是会很鲁莽。他现在(三岁零九个月)会从 6 英尺高的地方毫不犹豫地跳下来,如果我们让他跳，他甚至会从20英尺高的地方跳下来。这样看来，对他进行的恐惧教育无疑没有产生过分的效果。我认为这是对恐惧的学习而非暗示的缘故。当接受教育时，我们都不会感到恐惧。我认为这在教育中是非常重要的。对危险的理性认识是必要的，但不必恐惧。孩子如果没有一定的恐惧就不能理解危险，但是当教育者没有表现出恐惧时，孩子产生的恐惧就会大大减少。一个照看孩子的成年人不应该感到恐惧。这就是为什么女性和男性一样应该培养勇气的原因。

第二个例子没有那么详细。有一天，当我和儿子（当时他三岁零四个月）一起散步时，我们在路上发现了一条蝰蛇。他以前见过蛇的照片，但从未见过真正的蛇。他不知道蛇会咬人。他看到这条蝰蛇很高兴，当它溜走时，他就去追它。因为我知道他追不到蛇，所以我没有拦他，也没有告诉他蛇是危险的。然而，从那时起，他的保姆就不让他在草丛中奔跑，因为里面可能有蛇。结果，他心里产生了一种轻微的恐惧，但没有超过我们觉得应有的程度。

到目前为止，最难克服的恐惧是对大海的恐惧。我们第一次尝试带这孩子下水，是在他两岁半的时候。起初，这简直是不可能完成的任务。他不喜欢冰冷的海水，他被海浪的声音吓坏了，在他看来，海浪总是有来无回。如果海浪很大，他甚至不会靠近大海。这是一个对所有事物都感到胆怯的时期：动

第四章 恐惧

物、奇怪的声音和其他各种各样的东西都会引起恐慌。我们循序渐进地处理他对大海的恐惧。先是把孩子放在远离大海的浅水池里，直到单纯的寒冷不再对他产生刺激；在暖和的四个月结束后，他喜欢上了在远离海浪的浅水里戏水，但如果我们把他放在水深及腰的深水池里，他仍然会哭。我们让他在看不见海浪的地方玩上一个小时，在习惯了海浪的声音后，再把他带到能看见海浪的地方，让他注意到海浪此起彼伏的景象。所有这一切过程，加上父母和其他孩子的榜样作用，只能让他达到可以靠近海浪而不至于害怕的程度。我确信这种恐惧是本能的，没有任何暗示会引起这种恐惧。翌年夏天，在他三岁半的时候，我们又重新提起这件事。他对真正走进波浪中还是心存恐惧。经过几次不成功的哄劝以及看其他人在海里游泳也没有用后，我们采取了老式手段。当他显露出胆怯时，我们就让他觉得我们为他感到难为情；当他表现出勇气时，我们就大肆赞扬。大约两个星期的时间，我们不顾他的挣扎和啼哭，每天把他放进齐脖深的海水里。[1] 挣扎和啼哭一天天减少，终于在挣扎和啼哭彻底停止前，他开始要求我们把他放进水里。两星期

---

[1] 我在同龄时，父母采用的方法是抓住我的脚后跟，让我的脑袋在水下停留一段时间。奇怪的是，这种方法竟然成功地让我喜欢上了水；不过，我并不推荐这种方法。

结束时,达到了预期效果,他不再害怕大海了。从那一刻起,我们就完全不管他了,只要天气合适,他就会自己去海里游泳——显然,他非常享受。恐惧并没有完全消失,只是在一定程度上被自尊心抑制住了。然而,熟悉使恐惧迅速减轻,现在已经完全消失了。他的妹妹,现在已经二十个月大了,则从来没有表现出对大海的恐惧,她可以毫不犹豫地直奔大海。

我把这件事讲得比较详细,因为在某种程度上,它违背了我非常尊重的现代理论,即在教育中应该尽量不使用强制力。我认为,对于征服恐惧,强制力有时是有益的。如果一种恐惧是非理性且强烈的,听之任之,孩子将永远不会体验到其实并没有恐惧的理由。当一种情况被反复经历而没有受到伤害时,熟悉感就会消除恐惧。给孩子一次可怕的经历很可能是无用的;必须让他经历够多次才不会让他感到诧异。如果必要的经历不需要强制力就能达成,当然更好;若非如此,那么使用强制力或许比无法消除、持续存在的恐惧要好。

还有一点。以我儿子为例(或许其他孩子也是如此),克服恐惧的经历是非常令人愉悦的。当他的勇气赢得赞扬时,他这一天都会容光焕发,特别快乐,这样也很容易唤起孩子的自尊心。长大一点后,胆怯的男孩会因为其他男孩的轻视而苦恼,那时他要养成新的习惯就会更困难。因此,我认为及早培养对恐惧的自我控制能力,及早教孩子一些身体技能,这些都是非

第四章 恐惧

常重要的，值得采取一些比较严厉的方法。

父母常常会从他们的错误中吸取教训，但往往只有当孩子长大成人后，他们才会懂得本应如何教育孩子。因此，我要讲一件事儿，以表明过度迁就的危害。在我儿子两岁半的时候，他被独自放在一个房间里睡觉。他对自己脱离夜间育儿室感到无比自豪，一开始总是安静地睡到天亮。但是有一天晚上狂风大作，一道栅栏被刮倒了，发出震耳欲聋的撞击声。他吓醒了，大叫起来。我立刻走到他跟前；他显然是从噩梦中醒来，紧紧抱着我，心脏狂跳不止。很快他的恐惧就消失了。但他开始抱怨说天太黑了——通常，在每年的这个时候，他都是在黑暗中睡觉的。我离开后，恐惧似乎又稍稍回来了，于是我给了他一盏夜灯。从那以后，他几乎每天晚上都要大哭一场，直到最后我才明白，他这么做只是为了享受引起骚动、让大人们围着他转的乐趣。所以我们非常认真地告诉他，黑暗中没有危险，并告诉他，如果他醒了，可以翻个身再睡，因为除非真有严重的事情，否则我们是不会来看他的。他专心地听了这番话，之后除了偶尔发生的严重之事外，再也没有哭闹过。当然，夜灯也拿走了。如果我们再迁就纵容一点，很可能会令他很长一段时间睡不好，甚至一辈子都睡不好。

以上是我个人的经验。现在我们必须讨论更普遍的消除恐惧的方法。

过了头几年，教会孩子肉体勇敢的，其实是其他孩子。如果一个孩子有哥哥姐姐，他们会以身作则、言传身教来激励这个孩子，凡是他们能做到的，他都会去尝试。在学校里，身体上的怯懦是被轻视的，作为成年人的教师没有必要强调这件事，至少男孩子是这样的。女孩也应该如此，她们应该有与男孩完全相同的勇敢标准。值得庆幸的是，在身体方面，女学生们不再被教导要"淑女"，她们对提升身体能力的天然冲动可以在相当大的范围内得到释放。然而，在这方面，男孩和女孩之间仍然存在一些差别，但我相信这种差别不应存在。[1]

当我说勇敢是可取的时，我采用的是纯粹的行为主义定义：当一个人做了别人因害怕而不敢做的事情时，他就是勇敢的。如果他不觉得恐惧，那就更好。我不认为用意志来控制恐惧是唯一真正的勇敢，它甚至也不是勇敢的最佳形式。现代道德教育的秘诀在于通过培养好习惯来产生结果，而这些结果以前是通过自我控制和意志力产生（或试图产生）的。源于意志的勇敢会产生神经紊乱，"炮弹休克症"提供了许多例证。被压抑的恐惧会以内省所无法识别的方式浮出水面。我并不是说应该完全放弃自我控制，恰恰相反，没有人能在没有自我控制的情况下过自洽的生活。我的意思是，只有在教育没有事先提

---

[1] 见鲍斯菲尔德所著《性与文明》（*Sex and Civilization*）。

第四章　恐惧

供应对方法的意外情况下，自我控制才是必要的。训练全体人民不费吹灰之力就具备战争中所需要的那种勇气，即使可能，也是愚蠢的行为。这是一种特殊的、暂时的需要，它是如此特殊，以至于如果把战壕中所需要的习惯灌输给年轻人，那么其他一切教育都将受到阻碍。

已故的里弗斯博士[1]在他的《本能与无意识》一书中，对恐惧做了我所知的最好的心理学分析。他指出，应对危险情况的一种方法是操作性活动，凡是那些能够充分运用这种方法的人，至少在意识上不会感受到恐惧。这是有价值的宝贵经验，能激发自尊和努力，从恐惧转化为技能。即使是像学骑自行车这样简单的事情，也会以一种温和的形式提供这种经验。在现代世界，由于机械的增加，这种技能变得越来越重要。我建议，肉体上的勇敢的培养应尽可能借助传授操作或控制事物的技能，而不是通过与他人进行身体竞赛来进行。在我看来，登山、驾驶飞机或在大风中驾驭小船所需要的那种勇气，比对抗中所需要的勇气更令人钦佩。因此，在可能的情况下，应该用多少带点危险的灵活性活动训练学生，而不是用像足球这类对抗性活动。如果有需要战胜的敌人，那也应该是事物，而不

---

[1] 威廉·里弗斯（William H. Rivers，1864—1922），英国心理学家、人类学家。——译注

是其他人类。我并不是说这个原则应该教条地应用，而是说它在竞技运动中应该受到比现在更多的重视。

当然，身体上的勇敢也有较为被动的表现，比如忍受伤痛而不小题大做。要教会孩子这一点，可以试着在他们遇到小毛病时不要显露出过分的同情。今后生活中出现的大部分歇斯底里，主要是由于过分渴望得到同情，人们希望得到爱抚和温柔的对待而发明了许多小毛病。为了防止这种倾向，通常可以鼓励孩子不为每次抓伤和瘀青哭泣。在这方面，幼儿园对女孩的教育仍然比对男孩差得多。过于迁就女孩与过于迁就男孩一样糟糕；女性如果要和男性平起平坐，在这种坚毅的品德方面也不要甘拜下风。

现在我来谈谈不是纯粹的肉体上的勇敢，这类勇敢更重要，但是要充分发展它们，必须以比较基本的勇敢作为基础。

关于对神秘事物的恐惧，我已经与儿童的恐惧联系起来谈过了。我相信这种恐惧是本能的，具有巨大的历史意义。大多数迷信都源于此。日食、地震、瘟疫和诸如此类的事件，都会在不懂科学的人群中高度唤起恐惧。无论是对个人还是对社会来说，这都是一种非常危险的恐惧形式，因此很有必要在青少年时期就根除它。对此正确的解药是科学的解释。没有必要对每一件乍看上去神秘的事物都加以解释；在给出了一定数量的解释之后，孩子就会认为其他情况也有解释，并且有可能假设

第四章 恐惧

只是暂时还不能解释。关键在于要尽快让孩子产生一个认识，即神秘感是由于无知造成的，而无知可以通过耐心和思考来消除。一个值得注意的事实是，一旦克服了恐惧，那些起初因其神秘性而使孩子们感到害怕的东西反而会使他们感到有趣。因此，一旦神秘不再助长迷信，它就会成为学习的动力。我儿子在三岁半的时候，曾花了很多时间专心地独自研究花园里的喷洒器，直到他弄懂了水是如何进来的、空气是如何出去的，以及相反的过程是如何发生的。日食可以解释得很清楚，即使是很小的孩子也能理解。任何让孩子害怕或感兴趣的事情，如果可能的话，都应该向孩子解释清楚。这样做可以将恐惧转化为对科学的兴趣，其过程完全符合人类本能，并再现了人类发展的历史。

在此过程中，有些问题是较难处理的，需要很多技巧。其中最难的是关于死亡的问题。孩子很快就会发现植物和动物都会死。他在六岁之前，有可能某个认识的人会碰巧去世，如果他头脑灵活一点，他就会想到他的父母会死，甚至他自己也会死去（想到这一点更难）。这些想法会产生一大堆问题，必须小心回答。一个有正统信仰的人回答起这类问题可能比一个认为死后没有生命的人遇到的困难要小。如果你持后一种观点，就不要说与此观点相悖的话；世界上没有任何理由能为父母对孩子说谎辩护。最好的解释是，死亡是一种永不苏醒的沉睡。这句话应该说得轻描淡写,仿佛这是你能想象到的最平常的事。如果孩子担心自己会死,那就告诉他,这件事在很多很多年里都不太可能发生。在孩子很小的时候,试图灌输一种斯多葛式的对死亡的轻视[1]是没有用的。不要主动挑起这个话题,但当孩子提起时,也不要回避。尽你所能让孩子觉得死亡并不神秘。如果他是一个正常、健康的孩子,这些方法就足以让他不再执着于这个问题。对于各个阶段的儿童,都要充分而坦率地交谈,说出你自己相信的东西,并传达出这个话题相当无趣的印象。无论大人还是孩子,花太多时间思考死亡都没什么好处。

除了特殊的恐惧之外,孩子们也容易产生一种扩散性的焦虑。这通常是由于他们的长辈对他们过度约束,这种情况如今比以前少得多。喋喋不休地唠叨、禁止吵闹、不断的礼仪教育,曾经使童年成为一段痛苦的时光。我还记得,在我五岁的时候,有人告诉我,童年是一生中最幸福的时期(在那个年代,这是一个彻底的谎言)。我伤心欲绝地哭泣,觉得还不如死了算了,不知道自己该如何忍受未来岁月的无趣。如今,几乎不可想象有人会对一个孩子说出这样的话。儿童的生活天然

---

[1] 斯多葛派认为死亡只是生命存在的一个正常阶段,是自然秩序的一部分,应该优雅有尊严地接受。——译注

图 2 幼年罗素。罗素出身贵族世家,两岁丧母,四岁丧父,从此由祖母抚养长大。与当时上流社会的子女一样,小罗素由家庭教师启蒙,并在家中接受教育,直至进入剑桥大学三一学院

地包含对未来的期许：它总是指向未来可能成真的事。这是激励孩子努力的部分原因。让孩子回顾过去，把未来描绘得比过去更糟糕，就是从源头上榨干了孩子的生命力。然而，无情的感伤主义者过去就是这么做的，他们常常跟孩子谈论童年的快乐。幸运的是，他们的话给人留下的印象并没有持续太久。我相信，大多数时候大人们肯定非常快乐，因为他们不用上课，还可以吃他们喜欢的东西。这种信念是健康和激励人的。

害羞是胆怯的一种令人沮丧的表现形式，在英国和中国很常见，但在其他地方很少见。它的产生，部分是由于很少与陌生人打交道，部分是由于坚持交际礼仪。在方便的情况下，一岁以后的孩子应该习惯于见到陌生人，习惯与他们接触。至于礼貌方面，首先应该教他们一些最起码的礼仪，不成为一个令人无法忍受的讨厌之人即可。与其指望他们安安静静地待在房间里，不如让他们无拘无束地与陌生人见上几分钟，然后就把他们带走。但在两岁之后，最好教他们一天中有部分时间安静地自娱自乐，可以用图画、黏土、蒙台梭利教具或类似的东西。要孩子保持安静，总得有个他们能理解的理由。礼仪不应该用抽象的方式教导，除非它可以作为一种有趣的游戏来进行。但是一旦孩子有理解能力后，他就应该意识到，父母也有自己的权利；他必须赋予他人自由，这样自己才能得到最大限度的自由。孩子们很容易理解公正，也乐于像别人对待自己一

第四章 恐惧

样对待他人。这正是良好礼仪的核心。

最重要的是，如果你想消除孩子心中的恐惧，你自己也要无所畏惧。如果你害怕雷雨，孩子第一次在你面前听到雷声时也会感染到你的恐惧。如果你表达了对社会变革的恐惧，孩子会因为不知道你在说什么而感到更大的恐惧。如果你对疾病感到恐惧，你的孩子也会如此。人生充满危险，智者会忽视那些不可避免的危险，但对于那些可以避免的危险，则谨慎而心平气和地对待。你不能避免死亡，但你可以避免未留遗嘱就去世。所以，立下你的遗嘱，同时忘记你终有一死。理性地防范不幸与恐惧完全是两码事，它是智慧的一部分，然而所有的恐惧都是盲目的。如果你无法避免恐惧，试着不要让你的孩子发现。最重要的是，给他广阔的视野和丰富生动的兴趣，这样他在以后的生活中就不会执着于个人不幸的可能性了。只有这样，你才能使他成为宇宙的自由公民。

第五章　游戏与幻想

热爱游戏是幼龄动物最明显的特征，无论是人类还是其他动物。在孩童身上，假扮游戏（pretence）带来了无穷无尽的乐趣。游戏和假扮是儿童时期的重要需求，如果想要孩子快乐和健康，就必须为他们提供此类玩耍的机会，何况它们还有其他益处。与此相关的教育有两个问题：第一，父母和学校在提供机会方面应该做些什么？其次，在增加游戏的教育价值方面，他们还应该做些什么？

让我们先来谈谈游戏的心理学。这一点格罗斯已经做了详尽的论述，在前一章提到的威廉·斯特恩的书中可以找到更简短的讨论。这里有两个独立的问题：第一个涉及产生游戏的冲动，第二个涉及游戏的生物学效用。第二个问题比较容易回答。似乎没有理由怀疑这一被广泛接受的理论，即任何物种的幼崽在游戏时都是在预演和练习它们以后将要认真进行的活动。小狗的玩耍和大狗打架一模一样，不同之处在于它们实际上并不真咬对方。小猫的玩耍则类似猫捉老鼠的行为。孩子们喜欢模仿他们所看到的任何工作，比如盖房子或挖洞；在他们看来

第五章　游戏与幻想

越重要的工作,他们就越喜欢去模仿。他们喜欢任何能锻炼新的肌肉能力的运动,比如跳跃、攀爬或在一块狭窄的木板上行走——只要这些活动不是太难。但是,尽管这在一般意义上说明了游戏冲动的作用,但这绝不包括它的所有表现形式,而且完全不能视为一种心理学分析。

有些精神分析学家曾试图寻找儿童游戏中的性象征。我相信,这完全是无稽之谈。童年最主要的本能冲动不是性,而是对成为大人的渴望,或者更准确地说,是获得权力的意志。[1]与长辈相比,孩子深深察觉到自己的弱小,希望能与大人平起平坐。我记得,当我儿子意识到他有一天会长大成人,而我也曾经是个孩子时,他是多么心花怒放;我们可以看到,由于意识到成功是可能的,他的努力受到了激励。从很小的时候起,孩子就希望做大人所做的事情,这从模仿的实践中可以看出。哥哥姐姐是大有裨益的,因为他们的行动是可以理解的,他们的能力并不像成年人那样遥不可及。儿童的自卑感是非常强烈的;当他们受到正常的、正确的教育时,这种自卑感可以激励他们,但如果他们受到压抑,自卑感就可能成为不快乐的根源。

---

[1] 《紧张的孩子》(*The Nervous Child*),H. C. 卡梅隆著(H.C.Cameron,第3版,牛津出版社,1924年),第32页。

在游戏中，我们有两种形式的权力意志：一种形式在于学习做事，另一种形式在于幻想。就像裹足不前的成年人可能沉迷于具有性意义的白日梦一样，正常的孩子也会沉迷于具有权力意义的假扮。他喜欢假扮巨人、狮子或者火车；在他的虚构想象中，他能激发他人的恐惧。当我给儿子讲巨人杀手杰克的故事时，我试图让他认同杰克，但他坚定地选择了巨人。当他的母亲告诉他蓝胡子的故事时，他坚持要成为蓝胡子，并认为蓝胡子的妻子因为不听话所以罪有应得。在他的游戏里，曾爆发过砍贵妇头颅的血腥事件。弗洛伊德学派的人会说，这是施虐狂；但他同样喜欢扮演一个吃小男孩的巨人，或者一个可以拉动重物的火车头。权力，而非性，是这些假扮的共同元素。有一天，当我们散步回来的时候，我显然是开玩笑地告诉他，也许我们会发现某个蒂德利温克斯先生占了我们的房子，而他可能会拒绝我们进屋。在那之后的很长一段时间里，他会站在门廊上，假装是蒂德利温克斯先生，告诉我去别的房子。他在这个游戏里获得了无限乐趣，显然，他所享受的就是假装拥有权力。

然而，如果认为权力意志是孩子们游戏的唯一原因，那就过于简单化了。他们也喜欢假装恐惧——也许是因为知道这只是假装，增加了他们的安全感。有时我会假扮成一条鳄鱼来吃掉我儿子。他的尖叫声如此逼真，我停下来，以为他真的吓坏

第五章 游戏与幻想

了;但我一停下来,他就说:"爸爸,再扮一次鳄鱼吧。"假扮的乐趣很大程度上纯粹是戏剧性的乐趣——这与成年人喜欢小说和戏剧的原因是一样的。我认为好奇心在这一切中起了一定作用:通过扮演熊,孩子们觉得自己好像了解熊了。我认为儿童生命中每一种强烈的冲动都会在游戏中得到体现;权力在他的游戏中所占的主导地位,不过是与它在欲望中所占的主导地位相同而已。

说到游戏的教育价值,每个人都会赞同那种能获得新才能的游戏,但对于假扮游戏,许多现代人却持怀疑态度。在成年人的生活中,白日梦被认为或多或少是病态的,是用来代替现实生活中真正的努力的。白日梦遭到的非议已经蔓延到儿童的假扮游戏中,我认为这是完全错误的。蒙台梭利式老师不喜欢孩子们把他们的教具当作火车或轮船之类的东西,称这为"无序想象"。他们完全正确,因为孩子们所做的并不是真正的游戏,即使在他们自己看来都是游戏而已。教具给孩子带来快乐,但它的目的是教育,娱乐仅仅是教育的一种手段。在真正的游戏中,娱乐是首要目的。当反对"无序想象"的观点延伸到真正的游戏中时,在我看来,这似乎走得太远了。同样的道理,也适用于对给孩子们讲仙女、巨人、女巫和魔毯等故事的指责。我无法同情追求真理的苦行僧,正如我无法同情其他种类的苦行僧一样。人们常说,孩子们分不清假扮和真实,但我看不出有什么理由相信这种说法。我们不相信哈姆雷特真有其人,但当我们欣赏戏剧时,如果一个人不断提醒我们这一点,我们肯定会感到恼火。因此,孩子们会被没分寸的提醒惹恼,却绝不会被他们自己的假扮所欺骗。

事实很重要,想象也很重要;但想象在个人的历史中发展得更早,在人类的历史中也是如此。只要孩子身体上的需要得到满足,他就会觉得游戏比现实有趣得多。在游戏中,他是一个国王。事实上,他以超越任何世俗君主的权力统治着自己的领土。在现实中,他必须按点上床睡觉,并遵守一大堆令人厌烦的规定。当缺乏想象力的成年人不加考虑地干涉他的"舞台布置"时,他会很恼火。当他建造了一堵连最庞大的巨人都无法翻越的墙,而你却粗心大意地跨过它时,他就会像罗慕路斯对雷穆斯一样愤怒。[1] 鉴于孩子相对成人而言的弱小是正常的而非病态的,那可以理解他在幻想中的补偿心理也是正常的而非病态的。他的游戏并不是在占用那些似乎可以花在其他更有益的事情上的时间,因为如果他所有的时间都用在严肃的追求上,他很快就会精神崩溃。一个沉溺于梦想的成年人可能会被

---

[1] 罗慕路斯和雷穆斯是罗马神话中的一对双生子,罗慕路斯挖了一条深沟作为城墙的边界,雷穆斯纵身跳过深沟,罗慕路斯一怒之下杀死了雷穆斯,并以自己的名字命名了新城市罗马。——译注

第五章 游戏与幻想

告诫要努力去实现梦想；但是一个孩子还不能实现他有权拥有的梦想。他不会认为自己的幻想可以永远代替现实；相反，他热切地希望在时机成熟的时候把幻想变成现实。

把真理和事实混为一谈是一种危险的错误。我们的生活不仅受事实支配，也受希望支配；那种只看到事实的真实性，是一种对人类精神的禁锢。只有偷懒地用梦想代替改变现实的努力时，梦想才应该受到谴责；当它们成为一种激励时，它们就是实现人类理想化身的重要目标。扼杀童年的幻想，就是使人成为现实的奴隶，成为被尘世束缚的生灵，因而无法创造天堂。

你可能会说，这些都说得对，但这和巨人吃小孩子，或者蓝胡子砍下妻子的头有什么关系呢？这些东西会存在于你的天堂里吗？想象难道不应该先被净化和升华，才能为美好的目的服务吗？你，一个和平主义者，怎么能让你天真无邪的孩子陶醉在毁灭人类生命的想法中呢？你怎么能为一种源于人类必须成熟才能摆脱的野蛮本能的快乐辩护呢？我想读者对所有这些问题都有同感。这很重要，我将试着说明为什么我持不同的观点。

教育在于驯养本能，而不是压抑本能。人类本能是非常模糊的，可以通过各种各样的方式来满足。它们中的大多数需要某种技能才能得到满足。板球和棒球都能满足同样的本能，但男孩只会想玩儿他学过的那一种。因此,教育的秘诀,就其影响人的品性方面而言,就是教给一个人各种技能,使他能有效地运用他的本能。权力的本能,在孩童时期因认同蓝胡子而得到原始的满足,在以后的生活中,可以通过科学发现、艺术创造、培养和教育优秀的孩子,或千万种有用的活动中的任何一种,得到更完善的满足。如果一个人只知道如何战斗,那么他的权力意志会使他只能在战斗中感到快乐。但如果他有其他技能,他就会从其他方面得到满足。然而,如果他的权力意志在孩提时代就被扼杀在萌芽状态,他会变得无精打采、懒惰,既不做好事,也不做坏事;他就会成为"上帝或他的敌人都不喜欢"的人。这种懦弱的善良不是人类所需要的,也不是我们应该努力在孩子身上培养的东西。在孩子很小且不能闹出多大伤害的事情时,他们却可以在想象中经历久远的野蛮祖先的生活,这在生物学上是很自然的。如果你能教给他们更完善的满足所需的知识和技能,就不需要担心他们会一直停留在那个水平。当我还是个孩子的时候,我喜欢翻跟斗。现在我再也不这样做了,虽然我不认为这样做不好。同样,喜欢假扮蓝胡子的孩子长大后也会摆脱这种趣味,并学会用其他方式寻求权力。如果他的想象力在童年时期受到适合这个阶段的刺激而保持活跃,那么在以后的岁月里,当它能够以适合成人的方式发挥作用时,它就更有可能保持活跃。在一个道德观念还不能引起反

第五章　游戏与幻想

应的年龄，在还不需要道德观念来约束行为的时候，强行灌输道德观念是无效的。唯一的结果是引起孩子的厌烦，而且当这些道德观念日后可能有效时，他们会对此无动于衷。这是为什么儿童心理学的研究对教育如此重要的种种原因之一。

儿童后来的游戏与早期游戏的不同之处在于，竞争性越来越强。起初，孩子总是独自做游戏；婴儿很难加入哥哥姐姐的游戏。而集体游戏则有趣得多，一旦集体游戏成为可能，独自玩耍的乐趣很快就消失了。英国上流社会的教育总是赋予学校里的游戏以巨大的道德意义。在我看来，英国的这种传统观点有些夸张，尽管我承认游戏有某些重要的价值。它们对健康有好处，前提是不要太专业化；如果过分看重出色的技能，最优秀的玩家们就会较劲比拼，而其他人则容易沦为看客。游戏教导孩子们不动声色地忍耐痛苦，愉悦地承受疲惫。不过，在我看来，人们宣称的游戏的其他优点基本上是虚幻的。据说游戏能教人合作，但实际上它们只教竞争形式的合作。这是战争所需要的形式，而不是工业或正常的社会关系所需要的形式。科学已经使在经济和国际政治中用合作代替竞争在技术上成为可能；同时，它也使竞争（以战争的形式）比过去危险得多。由于这些原因，现在培养以自然界为"敌手"的合作精神比以往时代更重要，而不应再加强有胜者/败者的竞争性事业的观念。我不想过多强调这一考虑，因为竞争对人类来说是天性使然，必须找到一些出口，而几乎不可能有比游戏和体育竞赛更无害的出口了。这是不禁止游戏的正当理由，但却不是把游戏提升到学校课程的主导地位的正当理由。让孩子们做游戏是因为他们喜欢，而不是因为当权者认为游戏是日本人所说的"危险思想"的解药。

在前面的章节中，关于克服恐惧和培养勇气的重要性我已经谈了很多；但是，不能把勇敢与残暴混为一谈。残暴是以将自己的意志强加于人为乐；勇敢是对个人不幸泰然处之。如果有机会，我会教孩子们在狂风暴雨的海上驾驶小船，从高处跳水，驾驶汽车甚至是飞机。我会像奥多的桑德森[1]那样，教他们制造机器，在科学实验中敢于冒险。我会尽可能地把无生命的自然界描绘为游戏中的对手，权力意志可以在这种较量中得到满足，就像在与其他人类的竞争中一样。以这种方式获得的技能比板球或足球的技能更有用，而且培养出的品性更符合社会道德。不谈道德品质，对体育运动的狂热其实也隐含了对智慧的轻视。由于愚昧，也是由于当局不重视或不提倡智力发展，大不列颠正在丧失她的工业地位，而且可能会失去她的帝国。所有这一切都与对体育运动至高无上的狂热信仰有关。当

---

[1] 奥多中学是英国著名的私立学校之一，拥有400多年历史，20世纪初在最著名的校长桑德森的领导下处于科学和工程教育的最前沿。——译注

第五章 游戏与幻想

然,还有更深层次的原因:认为一个年轻人的运动成绩是对他的价值的检验,这表明我们普遍未能认识到掌控复杂的现代世界需要知识和思想。但关于这个话题我现在就不多说了,将在后面的阶段详细讨论。

学校里的游戏还有另一个通常受人称道,但我认为总体来说是不好的方面,即促进团队精神的功效。团队精神受到当权者的喜爱,因为它能使当权者利用不良动机来从事被认为是好的活动。如果要人们努力,只要鼓动他们想要超越其他团体的愿望就可轻易达到。困难在于无法为非竞争性的努力提供动机。竞争性动机已如此深刻地渗透了我们的一切活动,令人惊讶。如果你希望说服一个市镇改善儿童看护的公共设施,你就必须指出,邻近的某个市镇婴儿死亡率较低。如果你希望说服一家制造商采用一种明显有所改进的新工艺,你就必须强调竞争的危险。不过如果你想让陆军部相信,高级将领需要有一点军事知识——这可没效果,在这种情况下,连对失败的恐惧都打动不了他们,因为"绅士"的传统是如此根深蒂固。[1] 没有什么举措是为了建设本身而促进建设,也没有什么举措是激励人对高效完成工作产生兴趣,即使这样做不会伤害到任何人。与

---

1 参见《秘密部队》(*The Secret Corps*),费迪南德·图伊著(Ferdinand Tuohy,默里出版社,1920年),第六章。

学校的游戏相比，我们的经济体系与此有更多的关系。但目前学校游戏体现的是竞争精神。如果要用合作精神取代竞争精神，那么改变学校游戏势在必行。但是，这方面的讨论会使我们远离主题。我考虑的不是建设一个良好的国家，而是在现有的国家中培养优秀个人的可能性。个人的进步和社会的进步必须齐头并进，但在教育方面，我特别关注的是个人。

第六章　建设

本章的主题已经在对游戏的考察中附带讨论过，但现在我们来专门讨论它。

我们已经知道，儿童的本能欲望是模糊的；教育和时机可以将它们引入许多不同的轨道。无论是旧的原罪信仰，还是卢梭的自然美德信仰，都不符合事实。本能的潜质在伦理上是中性的，在环境的影响下，既可以向善，也可以向恶。我们有理由保持冷静的乐观，因为除了病态的情况外，大多数人的本能起初是能够发展成善的形式的；而且，只要早期给予适当的身心照顾，病态的情况就会非常少。适当的教育将使人有可能按照本能生活，但这是一种经过训练和驯养的本能，而不是纯自然的、原始的、未成熟的冲动。本能的伟大驯养者是技能，是能提供某种满足的技能，而非其他技能。一个人获得适当的技能，就会成为善良的人；获得错误的技能，或者一无所长，他就会成为邪恶的人。

这些一般性的考虑特别适用于权力意志。我们都希望有所作为，但就对权力的热爱而言，我们并不在乎我们成就的是什么。一般说来，越是困难的成就，越使我们兴奋。人们喜欢用假蝇钓鱼，因为这样很难钓到；人们不会射击栖息不动的鸟，因为太容易射中。我举这些例子，是因为在这些例子中，人们除了活动的愉悦之外，没有别的不可告人的动机。但同样的原则适用于任何方面。我学会欧几里得几何学之后就不喜欢算术了，我学了解析几何学后就不再喜欢欧几里得几何学了。一个孩子，起初喜欢走路，接着是跑步，然后是跳跃和攀爬。我们能轻易做到的事情不再给我们权力感；只有一项新掌握的技能，或者我们没那么得心应手的技能，才会给我们带来成功的快感。这就是为什么追求权力的意志会根据所教授的技能类型而不断适应的原因。

建设和破坏都能满足权力意志，但建设通常更困难，因此能完成建设的人可以获得更多满足。我不打算给建设和破坏下一个学究式的精确定义，我认为，粗略地说，当我们增加我们感兴趣的系统的潜能时，我们就在建设，当我们削弱它的潜能时，我们就在破坏。或者，用更心理学的术语来说，当我们生产一个预先设计好的结构时，我们就在建设；当我们释放自然力来改变一个现有的结构，而对由此产生的新结构不感兴趣时，我们就在破坏。不管人们如何看待这些定义，我们实际上都知道一项活动是否可以被看作建设，除了少数情况下，一个人声称破坏是为了重建，而我们无法确定他是

第六章 建设

否真心实意。

破坏比较容易，孩子们的游戏通常是从破坏开始的，后来才过渡到建设。一个孩子拿着桶在沙滩上，他喜欢看大人挖出一堆堆像布丁一样的沙堆，然后他会用铲子把它们铲平。但一旦他能自己挖出这样的沙堆，他就会乐在其中，而且不允许别人把它们弄倒。小孩子刚有积木时，喜欢破坏大孩子搭的城堡。但当他学会了自己搭积木时，他就会对自己的表现感到无比自豪，且无法忍受看到自己努力搭建的建筑沦为一堆废墟。在这两个阶段，使孩子享受游戏的冲动是完全相同的，但是新的技能改变了这种冲动所产生的活动。

许多美德都从体验建设的乐趣中萌芽。当一个孩子恳求你不要破坏他搭建的东西时，你可以很容易地让他明白他也不能破坏别人建造的东西。这样，你就可以培养他对劳动成果的尊重，而劳动成果是私有财产的唯一正当的社会来源。你也要教孩子耐心、坚持和观察；没有这些品质，他就不能成功地把他的城堡搭建到他一心想达到的高度。在和孩子们玩耍时，你只要做到足以激发他们的进取心，并向他们示范怎么做这件事即可；之后如何建设就应该留给他们自己去努力。

如果孩子有机会进入花园，就很容易培养出更复杂的建设形式。孩子在花园里的第一个冲动是采摘每一朵迷人的花。用禁令来制止这种冲动很容易，但单纯的禁令作为教育是不够的。人们应该在孩子身上培养那种阻止大人们肆意摘花的对花园的爱护之情。成年人爱护花园是由于认识到打造花园中令人愉悦的美景需要付出劳动和努力。到孩子三岁的时候,可以给他花园的一角,鼓励他在里面种下种子。当种子长大最终开花时,他会觉得自己种出的花朵珍贵而美好;这时他才会明白,母亲种的花也一定要用心对待。

通过培养对建设和成长的兴趣,最容易消除不顾及他人的残忍。几乎每个孩子到一定年龄,都有想杀死苍蝇和其他昆虫的念头,接着就发展为想杀死大一点的动物,最终甚至想要杀人。在普通的英国上流家庭中,捕杀禽鸟被认为是非常值得称赞的,而在战争中杀人则被认为是最高尚的天职。这种态度与未经驯养的本能是一致的:这是那些不具备建设性技能的人的态度,他们因此无法找到任何没有恶意的权力意志的体现方式。他们能杀死野鸡,能折磨佃户,一旦有机会,他们可以射杀犀牛或德国人。但他们完全缺乏更有用的技能,因为他们的父母和老师认为把他们培养成英国绅士就够了。我并不认为他们在出生时比其他婴儿愚笨,他们后来生活中的缺陷完全是由不良教育造成的。如果从幼年开始,他们就被引导着用爱心去关注生命的发展,从而认识到生命的价值;如果他们获得了各种建设性的技能;如果他们认识到,费尽心血才缓慢取得的成果可以多么容易地毁于一旦——如果这一切都是他们早期道

第六章 建设

德训练的一部分，他们就不会轻易摧毁别人用同样方式创造或爱护的东西。长大后，在这方面最能让人学习成长的是为人父母，如果本能得到充分激发的话。但在富人身上，这种情况很少发生，因为他们把照顾孩子的工作交给了收取报酬的专业人士。因此，我们得在他们成为父母之前就着手根除他们的破坏倾向。

每一个雇用过未受过教育的女佣的作家都知道，要限制女佣用他的手稿引火的"爱好"很困难（公众或许希望这是不可能的）。一个同为作家的人，即使他是充满嫉妒的敌人，也不会想到做这样的事，因为经验使他知道手稿的价值。同样，有花园的男孩也不会践踏别人的花坛，养宠物的男孩学得会尊重动物的生命。任何一个为自己孩子操心的人，都更可能对人的生命怀有敬意。正是我们照顾孩子的费心劳神，才激发出更强烈的父母之爱；在那些逃避这种操劳的人身上，父母的本能多少会有些退化，只剩下一种责任感。但是，如果父母的建设冲动得到充分发展，他们就更有可能为孩子操心；因此，出于这个原因，对教育的这一方面予以关注也是非常必要的。

当我谈到建设时，我并不仅仅指物质建设。像表演和合唱这样的活动都是合作性的非物质建设，许多儿童和年轻人都喜欢这类活动，应该予以鼓励（但不可强制）。即使在纯粹的智力问题上，也可能有建设或破坏的偏好。古典教育几乎完全是批判式的，孩子要学习避免错误，并鄙视那些犯错误的人。这往往会产生一种冷漠的正确性，在这种正确性中，独创性被对权威的尊重所取代。正确的拉丁文是一劳永逸地固定下来的，那就是维吉尔和西塞罗[1]所用的拉丁文。正确的科学是不断变化的，一个有能力的青年会期待在这变化的过程中贡献自己的力量。因此，科学教育所产生的态度可能比研究快要消失的语言所产生的态度更有建设性。如果避免犯错是主要目标，那么教育往往会制造出在智力方面毫无生气的人。有能力的青年男女，应该拥有用自己的知识去冒险的可能性。高等教育常常被认为在传授某种类似于良好礼仪的东西，仅仅是一种避免错误的消极准则。在这样的教育中，建设被遗忘了。正如可预期的那样，培养出来的学生往往吹毛求疵、缺乏进取心、斤斤计较。若将积极的成就定为教育的目标，所有这一切都可以避免。

在以后年龄的教育中，应该鼓励社会建设。我的意思是，应该鼓励那些智力正常的人运用他们的想象力，思考出更有成效地利用现有社会力量的方法，或创造新的社会力量。人们读

---

[1] 维吉尔（Virgil，前70—前19），古罗马诗人，开创新型史诗，著有《牧歌》《农事诗》《埃涅阿斯纪》等。西塞罗（Cicero，前106—前43），古罗马政治家、哲学家、演说家，著有《论法律》等。——译注

第六章 建设

柏拉图的《理想国》，并不会把它与当前的政治联系起来。但当我说1920年俄国的理想与《理想国》的理想几乎一模一样时，很难说是柏拉图主义者还是布尔什维克更震惊。人们阅读文学经典时，并不试图去理解布朗、琼斯和鲁宾逊的生活意味着什么。对于乌托邦来说，这一点尤其容易，因为没有人告诉我们，有何道路能从我们目前的社会制度通往乌托邦。在这些问题上，重要的是，正确判断出下一步的能力。英国19世纪的自由主义者具备这种能力，尽管他们的措施所必然导致的后果总是使他们震惊不已。这在很大程度上取决于支配一个人思想的形象，这种形象往往是无意识的。一个社会制度可以通过许多形式来构想，最常见的是模具式、机械式和树式。第一种属于静态的社会观念，如斯巴达和传统中国的社会观念：人性被注入一个既定模具里，铸成预想的形状。这种观念存在于所有严格的道德或社会习俗中。思想观念被这种形象支配的人，就会形成某种特定的政治观念——强硬、固执、严厉和压迫。而把社会想象成机械的人则更现代。工业主义者和共产主义者都属于这一类型。对他们来说，人性是无趣的，生活的目的很简单，通常是生产最大化。社会组织的目的就是达至这些简单的目的。困难在于，现实中的芸芸众生不会渴望这种目的；他们坚持想要五花八门的东西，而这些东西在组织者井然有序的头脑看来毫无价值。这就把组织者逼回了模具式，以便培养出他认为好的人。而这，反过来又会导致革命。

把社会制度想象成一棵树的人则有不同的政治观。一台坏机器可以报废，再来一台取代它。但是，如果一棵树被砍倒，要长出一棵同样粗壮的树需要花很长时间。机械或模具是它的制造者所选择的，但一棵树有其特定的性质，只能成为一棵更好或更坏的树。应用于生物的建设与应用于机械的建设是完全不同的，生物具有一些较为低等的机能，需要一种同情心。由此，在教孩子们建设能力时，应该让他们有机会在植物和动物身上实践，而不仅仅是在积木和机械上练习。自牛顿时代以来，物理学一直支配人们的思想，工业革命以后，它又在实践上占主导地位，这带来了一种相当机械的社会观念。生物进化论引入了一套新的观念，但它们在某种程度上因自然选择蒙上了阴影，我们的目标应该是通过优生学、节育和教育从人类事务中消除自然选择。树式社会的概念比模具式或机械式更好，但仍有缺陷。我们必须用心理学弥补这些缺陷。心理建设是一种崭新而特殊的类型，迄今为止人们对它知之甚少。它对于教育、政治和一切纯粹人类事务的正确理论是必不可少的。如果公民不想被错误的推论所误导，心理学就应该主导他们的想象。有些人害怕人类事务中的建设，因为他们担心这种建设必定是机械式的；于是他们信奉无政府主义和"回归自然"。在本书中，我将用具体的实例来说明心理建设与机械建设的不同

第六章 建设

之处。在高等教育中，应该让人们熟悉心理建设具有想象力的一面；如果能做到这一点，我相信我们的政治将不再是生硬、尖锐和具有破坏性的，而会变得灵活和真正科学，并以培养杰出的男女为目标。

第七章 自私与财产

现在我要讨论一个与恐惧类似的问题。在"恐惧"一章中,我们探讨了一种强烈的冲动,它部分源自本能,很大程度上是不可取的。在所有这类情况下,我们都必须小心行事,不要破坏孩子的本性。对他的本性视而不见,或者希望他的本性有所不同,都是徒劳无益的;我们必须接受孩子如未经加工的原材料般的原本的天性,而不是用适用于其他材料的方式来对待它。

自私并不是一个终极的伦理概念,对它分析得越多,它就变得越模糊。但作为儿童身上一种现象,它是完全明确的,并提出了一些非常有必要加以解决的问题。如果放任自流,那么大一点的孩子会抢小一点的孩子的玩具,或要求得到大人更多的关注,而且只顾追求自己的愿望,不顾小一点的孩子的失望。人类的自我就像气体一样,除非受到外部压力的限制,否则会一直膨胀。在这方面,教育的目的是让外部压力在孩子自己的头脑中以习惯、观念和同情的形式出现,而不是以打骂和惩罚的形式出现。我们需要的是公正的观念,而不是自我牺牲

第七章 自私与财产

的观念。每个人都有权利在这个世界上占有一席之地,不应该因为坚持自己应得的东西而感到罪恶。当人们进行自我牺牲的教育时,其用意似乎并不是指望它能百分百地实行,还认为它的实际效果将是好的。但事实上,人们要么将此告诫抛诸脑后,要么在要求起码的公平时却产生罪恶感,要么将自我牺牲推向荒谬的极端。在最后一种情况下,他们还会对他们为之牺牲的对象暗生怨恨,并且可能通过要求别人感激来稍稍找回一点私心。无论如何,自我牺牲都不可能是真正的教义,因为它不可能普及;而最不可取的是教授谎言却试图收获美德,因为当谎言被识破时,美德就不复存在了。相反,公正是可以普及的。因此,公正是我们应该努力灌输到孩子的思想和习惯里去的概念。

要教给单个孩子公正的观念,即便不是不可能,也是很困难的。成年人的权利和愿望与儿童的权利和欲望大相径庭,因此对儿童来说没有任何可想象的吸引力;成人和儿童之间也几乎不存在对完全相同的快乐的直接竞争。此外,由于成年人能够强制孩子服从自己的要求,他们遇事就会按照自己的方便行事,而无法对孩子的要求有公正的评判。当然,他们可以立下明确的规则,灌输这样或那样的恰当行为的规范,比如,当母亲在清点要洗的衣服时不要妨碍,当父亲在忙时不要大喊大叫,有客人时不要打扰他们。但这些都是令孩子费解的要求。

诚然，如果父母善待他们，孩子会非常乐意服从这些要求，但这并不能使他对何为合理产生共鸣。孩子应该遵守这样的规则，这不假，因为绝不允许他成为专横之人，因为他必须明白别人有他们自己重视的追求，不管这些追求多么奇怪。但是，用这种方法所能得到的，不过是外在的良好行为；真正的公正教育，只有在有其他孩子的地方才能达成。这是不应该让孩子长期独处的众多原因之一。不幸只有一个孩子的父母，应尽一切可能使孩子得到陪伴，在没有别的办法的情况下，即使要经常离家外出也得这么做。一个孤独的孩子要么压抑，要么自私——也许两者皆有。乖巧的独生子令人同情，乖戾的独生子则令人讨厌。在小家庭盛行的今天，这是一个比过去更严重的问题。这是倡导开设幼儿园的理由之一，关于这一点，我将在后面的章节中详细说明。但目前我假定家中至少有两个孩子，他们年龄相差不大，所以他们的兴趣也大体相同。

在争夺一次只能由一个人享受的乐趣，比如骑独轮车时，你会发现孩子们很容易理解公平。当然，他们的本能是自己享受乐趣而排斥别人，但令人惊讶的是，当大人们定下每个人轮流玩的规则时，这种本能迅速就被克服了。我不相信公平感是天生的，但我惊讶于它是如何迅速形成的。当然，它必须是真正的公平，不能有任何暗地里的偏袒。如果你对某些孩子的喜爱超过对另一些孩子，你就必须警惕自己，防止你的感情影响

第七章 自私与财产

你做出公正的分配。当然,玩具面前人人平等,这是一条公认的原则。

试图通过任何形式的道德训练来获取公平都是徒劳。不要给予孩子超过公平之物,但也不要期望孩子接受少于公平之物。《费尔柴尔德家族》中有一章是关于"内心的隐秘之罪"的,列举了避免"隐秘之罪"的方法。露西坚持认为自己很善良,但她的母亲告诉她,即使她的行为完全正确,她的思想也是错误的,并引用"人心比万物都诡诈,邪恶到极处"(《耶利米书》十七章第9节)。于是,费尔柴尔德太太给了露西一个小本子,让她把外表善良时内心深处"邪恶透顶"的东西记录下来。早餐时,她的父母给了她妹妹一条缎带,给了她弟弟一颗樱桃,但什么也没给她。她在书中写道,她在那时有了一个非常邪恶的想法,就是她的父母爱她的弟弟和妹妹胜过爱她。她一直被教导,而且她相信,她应该用道德训练来对付这种思想,但用这种方法,只能压抑这种想法,以后则会产生奇怪而扭曲的情感。对她来说,正确的做法应该是:表达自己的想法,让父母打消她的疑虑,可以也送她一件礼物,或者用她能理解的方式向她解释,因为目前没有别的礼物了,所以她必须等下次。诚实和坦率可以化解困境,但是压制性的道德训练只会加剧困难。

与公正密切相关的是财产意识。这是一个棘手的问题,必须用适应性强的策略而非任何僵化的规则来处理。事实上，存在着相互矛盾的思考，使得我们在对待此问题时很难有明确的界限。一方面，对财产的贪恋在之后的生活中会产生许多可怕的罪恶；对丧失有价值的物质财富的恐惧，是政治和经济方面残酷行为的主要根源之一。人们应该以尽可能地不受制于私有财产的方式寻找幸福，比如说，在创造性而不是防御性的活动中寻找幸福。因此，如果能避免，却还要培养孩子们的财产意识是不明智的。但是，在根据这一观点采取行动之前，有一些非常有力的反对意见也不能忽视。首先，孩子们的财产意识非常强烈，一旦他们能够抓住所看到的东西（有了手眼协调能力），这种意识就开始发展；他们会觉得抓住的东西就是自己的，如果被拿走，他们会觉得愤怒。我们现在还把财产说成是"持有物"（holding），"保持"（maintenance）的意思是"握在手里"（holding in the hand）。这些词显示了财产和"抓牢"（grasp）之间的原始联系；"贪婪的"（grasping）一词也是如此。一个没有玩具的孩子会捡起木棍、碎砖或任何他能找到的零碎东西，并把它们当作自己的东西来珍藏。对财产的渴望是如此根深蒂固，以致任何阻挠都会带来危险。而且，财产培养了谨慎，抑制了破坏的冲动。财产的这些功能特别能体现在孩子对亲手制作的物品的财产意识中，如果不允许他有财产意识，他的建设本能也就被抑制了。

第七章 自私与财产

关于财产意识，人们各执一词，争论不休，我们或许无法采取任何明确的策略，很大程度上必须以所处环境和孩子的本性来定度。然而，对于在实践中调和这些对立的方法，我们还是可以谈一谈的。

就玩具来说，有些应该是私人的，有些应该是共有的，例如，摇摆木马自然通常都是共有的。这表明了一个原则：如果一个玩具可以被所有人平等地享受，但一次只能一个人玩，并且它太大或太贵而无法置备很多时，它应该是共有的。另一方面，某个玩具更适合一个孩子而不是另一个孩子（例如由于年龄的差异），那它可能应该属于能享受到最大乐趣的那个孩子。如果一件玩具需要小心地摆弄，而大一点的孩子已经学会了这样做，那就不应该让小一点的孩子占用它，把它弄坏，这才是公平的。相对年幼的孩子应该得到适合他年龄的、作为他个人所有的玩具作为补偿。两岁以后，如果孩子粗心大意弄坏了玩具，不应该马上换新的给他，不妨让孩子暂时体验一下损失的感觉。不要让孩子总是拒绝其他孩子来玩自己的玩具。无论何时，只要他拥有的玩具超过了他实际使用的数量，那么其他孩子玩那些闲着的玩具，他就不应该被允许提出抗议。不过，在此我会排除两种玩具：一是其他孩子可能会弄坏的玩具，一是主人用它们搭建了引以为豪的大厦的玩具。在这座大厦被遗忘之前，如果可能的话，就让它矗立在那吧，作为对孩子辛勤的奖励。除去以上情况，不要让孩子养成一种就算不用也要霸占的态度，也绝不能允许他干扰另一个孩子尽情享受玩具。在这些方面教孩子得体的行为并不难，而且必要的坚定态度是值得的。不要允许孩子抢别的孩子的东西，即使他有权这么做。如果一个大一点的孩子对年龄小一点的孩子不友善，那就对他表现出同样的不友善，并立即解释你为什么这样做。通过这样的方法，不难在孩子之间形成友善的气氛，以防止不断的吵闹和哭泣。有时，一定程度的严厉可能是不可或缺的，相当于一种温和的惩罚。但是，绝对不能让孩子养成恃强凌弱的习惯。

在允许孩子拥有一定数量的心爱之物的同时，最好鼓励孩子养成玩积木等玩具的习惯，对于这类玩具，只有在玩的时候孩子才拥有独占的权利。蒙台梭利教具是所有孩子所共用的，但只要一个孩子在使用其中一件，其他孩子就不得打扰他。这培养了一种基于工作的有限的权利意识，这样的意识不会与今后生活中任何可取的品质背道而驰。对于婴幼儿来说，这种方法几乎不适用，因为他们还没有发展出足够的建设性。但随着他们掌握了技能，他们就越来越有可能对建造的过程产生兴趣。只要他们知道可以随时得到建设的材料，他们就不会太介意别人也拥有这些材料，而且他们最初可能有的不愿与他人分享的感觉很快就会被习惯所消除。不过，我认为，当孩子长大后，应该允许他拥有自己的书，因为这将提升他对书籍的热

第七章　自私与财产

爱，从而激发他的阅读欲望。那些属于他自己的书，应该尽可能是好书，比如刘易斯·卡罗尔[1]的书和《乱树丛故事》[2]，而不仅仅是一些没营养的书。如果孩子想要读没营养的书，那就让它成为共有之物。

上述涉及的大体原则是：第一，不要让孩子因为没有足够的财产而产生挫败感，这会造就吝啬鬼。其次，当私有财产激发孩子可取的行为，特别是当它教会孩子谨慎做事的时候，可以允许孩子拥有私有财产。即使有了上述这些限制条件，还是要尽可能地把孩子的注意力转移到不涉及私有物品的乐趣上。即使有了私有财产，当其他孩子希望获准玩他的玩具时，也不要让孩子吝啬。然而，在这一点上，目标是引导孩子自愿出借玩具，如果这个过程中还需要命令，那目标就还没有达到。在一个快乐的孩子身上，激发他慷慨的性格应该不难；但如果孩子缺乏快乐，他当然会死死抓着那些可以得到的东西不放。孩子不是通过苦难来学到美德，而是通过快乐和健康。

---

1 刘易斯·卡罗尔（Lewis Carroll，1832—1898，），英国著名作家、数学家，著有《爱丽丝漫游奇境记》和《镜中世界》等。——译注
2 《乱树丛故事》（*Tanglewood Tales*）是美国作家纳撒尼尔·霍桑（Nathaniel Hawthorne，1804—1864）所著的童话书。——译注

第八章　诚实

培养诚实的习惯应该是道德教育的主要目标之一。我指的不只是语言上的诚实，也包括思想上的诚实；实际上，在我看来，在这两者中后者似乎更为重要。我更喜欢一个完全意识到自己在说谎的人，而不是一个先下意识地欺骗自己，然后想象自己善良和诚实的人。事实上，凡是诚实思考的人，都不会相信不诚实永远是错的。那些认为谎言总是错误的人，常常得用大量的诡辩和模棱两可的误导来自圆其说，通过这种方法，他们欺骗别人却不承认自己在撒谎。然而，我认为，正当的谎言很少——比从高尚人士的行为中推断出来的还要少。几乎所有正当的谎言都是在人们遭受滥用的权力施暴的场合发生的，或者是从事诸如战争等有害活动时发生的；因此，在一个良好的社会体系中，谎言会比现在更加罕见。

事实上，不诚实几乎都是恐惧的产物。在没有恐惧的情况下长大的孩子会诚实，不是因为道德力量，而是因为他根本不会想到不诚实。被明智而仁慈地对待的孩子，眼神坦率，即使在陌生人面前也无所畏惧；然而，受到挑剔或严厉对待的孩

第八章 诚实

子,总是害怕受责备,生怕自己正常的行为违反了某些规则。小孩子一开始不会想到说谎。通过观察成年人,他们发现可以说谎,而恐惧则促使他们说谎。孩子发现大人对他说谎,或者对大人说实话是危险的;在这种情况下,他开始撒谎。若能避免这些诱因,他就不会想到撒谎。

但在判断孩子是否诚实时,必须谨慎。孩子的记忆是有缺陷的,他们常常不知道某问题的答案,而大人以为他们知道。他们的时间观念非常模糊;四岁以下的孩子几乎分不清昨天和一周前,或者昨天和六个小时前。当他们不知道一个问题的答案时,他们倾向于根据你的语气来回答"是"或"不是"。同样,他们经常以一些假装的戏剧角色说话。当他们严肃地告诉你花园里有一头狮子时,这显而易见是假的;但在很多情况下,他们很容易把游戏当成真事儿。由于以上这些原因,幼儿的陈述在客观上常常是不真实的,但他丝毫没有欺骗的意图。事实上,孩子们一开始往往认为大人是无所不知的,因此大人不会上当受骗。我儿子(三岁零九个月)会请我告诉他(为了获得听故事的乐趣)当我不在家时他发生了什么有趣的事,我发现几乎不可能让他相信我不知道发生了什么事。成年人以孩子不理解的方式知道很多事情,因此孩子认为成年人能力无限。去年复活节,我儿子得到了一些用巧克力制作的复活节彩蛋。我们告诉他,如果他吃太多巧克力就会生病,但告诉他之后,我们就没管他了。结果他吃得太多,生病了。病一好他就来找我,笑容满面,用近乎赢得了什么胜利似的语气说:"我生病了,爸爸——爸爸告诉过我,说我会生病的。"他这种跟验证了科学定律似的愉悦令人惊讶。从那以后,我们就可以放心地把巧克力交给他了,尽管这样的机会不多;而且,我们告诉他什么样的食物对他有好处,他都会毫无保留地相信。达到这样的结果不需要道德规劝、惩罚或恐吓。在孩子年幼的阶段,我们需要耐心和坚决。他已快到男孩子们通常会偷吃甜食并对此撒谎的年龄了。我敢说他或许有时会偷吃,但如果他撒谎,我则会感到惊讶。当孩子撒谎时,父母应该责备自己,而不是孩子;他们应该通过消除撒谎的原因来处理问题,并温和而通情达理地解释为什么最好不要撒谎。他们不应该通过惩罚来解决问题,因为惩罚只会增加恐惧,从而增强撒谎的动机。

当然,如果不想让孩子学会说谎,成年人对孩子的绝对诚实是完全必要的。那些教导孩子说谎是一种罪恶,而孩子却知道他们说谎的父母,其道德威信自然不复存在。对孩子说真话的原则完全是新观念,在现在这一代人之前,几乎没有人这样做过。我非常怀疑夏娃是否告诉过该隐和亚伯关于苹果的真相;我确信,她会告诉他们她从来没有吃过任何对她不好的东西。曾经,父母们把自己描绘成奥林匹亚之神,不受人类感情的影响,总是被纯粹的理性所驱动。当他们责备孩子时,他们

第八章 诚实

更多的是出于惋惜而不是愤怒;不管他们怎么骂孩子,他们并不是"生气",而是为了孩子好而教导他。父母们没有意识到孩子们有惊人的洞察力,他们虽然并不理解所有为了欺骗的堂而皇之的政治理由,但他们会直截了当地鄙视它。你无意间流露出的嫉妒和艳羡,对你的孩子来说是显而易见的,他们会对你关于嫉妒的对象有多邪恶的道德说教不屑一顾。永远不要假装自己完美无缺和高人一等,孩子是不会相信你的,即使相信了,他也不会对你更有好感。我清楚地记得,在很小的时候,我是如何看穿包围着我的维多利亚时代的欺骗和虚伪的,我发誓,如果我有了孩子,我不会让这样的错误发生在我孩子身上。我一直在尽自己最大的努力来谨守这个誓言。

还有一种形式的谎言,对孩子来说极其有害,就是威胁要实施你无意施加的惩罚。巴拉德博士在他最有趣的著作《变化中的学校》[1]中强调了这一原则:"不要威胁。如果一旦出口威胁,不要让任何事情阻止你实施威胁。如果你对孩子说:'再这样做,我就揍你。'而他又这样做了,那么你必须揍他。如果你不这样做,他就会失去对你的所有尊重。"(第112页)保姆和无知的父母在威胁幼儿时所用的惩罚不至于那么极端,但同样的规则也适用。除非有充分的理由,不要强求孩子;但是

---

[1] 霍德和斯托顿公司(Hodder and Stonghton Ltd.)于1925年出版。

一旦你开始坚决要求,就要继续下去,哪怕你已经后悔了。如果你威胁要惩罚,那你就应该准备好实施这一惩罚,不要心存侥幸地认为你的虚张声势不会被识破。奇怪的是,要让没有受过教育的人理解这一原则竟然那么困难。尤其应该反对的是,以一些可怕的事物进行威胁,比如被警察关起来,或者被妖怪捉走等。这首先会产生一种危险的精神恐惧,继而会让孩子再也不相信成年人的所有言论和威胁。如果你总是说到做到,孩子很快就会明白,在这种情况下,反抗是徒劳的,于是他会遵命行事而不会再惹麻烦。但是,这种方法要想成功,关键是除非确有真正强有力的理由,否则不应该强求。

另一种不可取的欺骗方式是把无生命的物体当作有生命的来对待。当孩子撞到椅子或桌子弄疼自己时,保姆有时会教他们去打这些弄疼他们的物体,说"坏椅子"或"坏桌子"。这会使孩子失去一个最有益的自然训练的来源。如果孩子撞疼了自己而大人不去管,他很快就会认识到,对付无生命的物体只能靠技能,而不能靠愤怒或哄骗。这可以激励他学习技能,并有助于他认识到个人能力的局限性。

在性问题上说谎,一向受到传统习俗的认可。我相信这种欺骗彻彻底底是错误的,但我现在不打算谈论这个问题,因为我后面准备用一章来讨论性教育。

没有被压抑的孩子会提出无数的问题,有些是聪明的问

第八章 诚实

题,有些则恰恰相反。这些问题往往令人厌烦,有时还很难回答。但你必须尽你所能如实回答这些问题。如果孩子问你一个与宗教有关的问题,你要准确地说出你的想法,即使你的想法与其他成年人相矛盾。如果他问你关于死亡的问题,也要回答。如果他问你的问题会显得你卑鄙或者愚笨,你也要回答他。如果他问你有关战争或死刑的问题,回答他。不要用"你还不懂"来搪塞他,除非是在困难的科学问题上,比如电灯是如何制造出来的。即使在这种情况下,也要让他明白,等他学到比现在更多的知识时,再来回答定会使他欣喜不已。你所告诉他的东西应该多于他所能理解的,不要少于他所能理解的;他听不懂的部分,会激发他的好奇心和求知欲。

对孩子始终如一的诚实将会收获他对你不断增加的信任感。孩子有一种相信你说的话的天然倾向,除非你说的与他强烈的渴望背道而驰,就像我刚才提到的复活节彩蛋的例子一样。即使在这种情况下,稍微让孩子体验到你的话的真实性,你就能轻易地赢得他的信任。但是,如果你习惯于用不会发生的后果来威胁孩子,你就必须不断地威胁,越来越可怕,到最后,你只会让孩子陷入紧张不安。一天,我儿子想在小溪里蹚水,我告诉他不要这样做,因为我担心有陶器的碎片会划伤他的脚。但是他很热切地想去玩儿,所以他对会有碎片表示怀疑,但当我找到一块并给他看了锋利的边缘后,他就心甘情愿地放弃了。如果我为了省事而谎称有陶器碎片，我就会失去他的信任。如果我当时没能找到碎片，我就会让他去蹚水。由于这类经历一再发生，他几乎完全不再怀疑我的话了。

我们生活在一个充满谎言的世界里，而一个从小没有听过谎言的孩子，一定会轻视很多通常人们认为值得尊重的东西。这令人遗憾，因为轻视是一种不好的情感。我不应该让孩子注意这类事情，然而每当他对这类事产生好奇心时，我会满足他的好奇心。在一个虚伪的社会里，诚实可能是种不利因素，但诚实的人必然无畏，而无畏带来的好处远远超过了这种不利。我们希望我们的孩子正直、坦率、有自尊；就我而言，我宁愿看到他们因拥有这些品质而失败，也不愿看到他们奴颜婢膝而成功。对于一个杰出的人来说，某种天生的骄傲和正直是必不可少的，有这样的品质，就不可能撒谎，除非是为某种慷慨的动机所驱使。我希望我的孩子们在思想和言语上诚实无欺，即使这样可能招致世俗的不幸，因为这关系到比财富和荣誉更重要的东西，而这些东西正危在旦夕。

第九章　惩罚

从古至今，对孩子的惩罚都被视为理所当然的事情，并被普遍认为是教育中不可或缺的一部分。在前面的章节中我们已经看到了阿诺德博士对鞭打的看法，他的观点在当时看来已是非常仁爱的了。卢梭推崇听其自然的理论，但在《爱弥儿》中，他偶尔也赞成相当严厉的惩罚。《警世故事》[1]中提出了一百年前的传统观点，故事中有一个小女孩吵吵闹闹，因为大人给她戴上了白色的腰带，而她想要粉红色的。

> 爸爸，他在客厅里
> 听到卡罗琳大声吵闹，
> 立刻找到她，
> 毫不犹豫地鞭打她。

---

[1] 《警世故事》(*Cautionary Tales*)是英国流行的幽默儿童诗，通过夸张的故事警示孩子遵守规则，后果常荒诞离奇。——译注

论教育

当费尔柴尔德先生发现他的孩子们争吵时,他一边用藤条鞭打他们,一边念《让狗以吠咬为乐》[1],让鞭打和着这首诗的韵律。然后,他带他们去看一具用铁链吊在绞刑架上的尸体。铁链在风中格格作响,小男孩吓坏了,哀求父亲带他回家。但费尔柴尔德先生强迫他看了很长时间,告诉他这景象表明了那些心怀仇恨的人会有什么下场。这个孩子注定要成为一名牧师,他大概必须学会以亲身经历者的生动笔触描绘被诅咒者的可怖景象。

如今,即使在田纳西州,也很少有人会提倡这种方法了[2]。但是,对于应该用什么方法来代替这种方法,存在着相当大的分歧。一些人仍然主张大量的惩罚,而另一些人则认为完全可以摒弃惩罚。在这两个极端之间,还有很大的讨论空间。

就我而言,我相信惩罚在教育中占有某种非常次要的地位,但我很怀疑惩罚是否需要那么严厉呢。我把严厉和责备的言辞也算作惩罚。任何时候,即使需要进行惩罚,最严厉的程度也应该仅限于自然自发地表达愤怒。有几次,当我儿子粗暴地对待他的妹妹时,他的母亲就会冲动地惊呼,表达愤怒。这

---

[1] 英国著名圣诗诗人艾萨克·瓦茨(Isaac Watts,1674—1748)的作品,"让狗以吠咬为乐,因为那是上帝的意思"是其中的名句。——译注
[2] 田纳西州是美国3K党的发源地,曾发生过用酷刑折磨黑人的暴行。——译注

第九章 惩罚

一做法效果非常好。他会抽泣起来，直到他母亲不断安抚他才作罢。这个事件给他留下了深刻的印象，从他后来对妹妹的和善就可以看出。有几次，当他坚持想要我们不给他的东西，或者干扰他妹妹做游戏时，我们采取了温和的惩罚方式。在这种情况下，当道理和规劝都不起作用时，我们就把他单独带到一个房间里，让门敞着，告诉他，等他不胡闹了就可以回来。过不了几分钟，使劲哭了几声后，他就走出来了，而且很长时间表现良好。他完全明白，回来就代表他同意改好。到目前为止，我们还没有发现更严厉的惩罚的必要。如果看老派的严格纪律信奉者的著作会发现，用旧方法教育出来的孩子要比现代的孩子淘气得多。如果我的孩子哪怕有《费尔柴尔德家庭》里孩子一半的恶劣行为，我一定会心惊肉跳；但我认为他们的父母比他们过错更多。我相信通情达理的父母会培养出通情达理的孩子。孩子必须感受到父母的爱——不是义务和责任，没有孩子会因父母尽义务和责任而心怀感激，他必须感受到父母温暖的爱，这爱来源于父母因孩子的存在和行为感到的幸福。除非无法解释，否则告诉孩子禁止做什么时必须详细且如实地解释。有时应该允许一些小意外发生，比如擦伤和轻微的小伤口，而不应立刻禁止有点鲁莽的游戏；因为这类小经验会让孩子更愿意相信，禁止他们做某事可能是有道理的。在这样的情形下，我相信孩子们很少会做出应该受到严厉惩罚的事情来。

当一个孩子不断地干扰其他孩子，或破坏他们的娱乐时，显而易见的惩罚就是将他"赶走"。采取这类措施是必要的，因为让其他孩子忍受不快是非常不公平的。但是，让顽固不化的孩子感到内疚是没有用的，让他感到自己错过了别的孩子正在享受的快乐，才更有效。蒙台梭利女士这样描述她的做法：

> 说到惩罚，我们多次接触到打扰别人而对我们的提醒充耳不闻的孩子。这样的孩子我们都会请医生对他进行检查。如果医生诊断这是一个正常的孩子，我们会在教室的角落里放一张小桌子，用这种方法把这个孩子与其他孩子隔离开；我们让他坐在一张舒适的小扶手椅上，让他可以看到他正在"工作"[1]的同伴们，再给他一些他最喜欢的玩具。这种隔离几乎总能使孩子平静下来；从他的位置上，他可以看到他的同伴们，而他们继续工作的方式成为了一堂"实物教学课"，比老师的任何话语都有效得多。渐渐地，他会发现成为眼前忙碌工作的一员的好处，他会真心希望回去，像其他人一样工作。这样一来，我们把那些起初似乎反抗纪律的孩子们带回了遵守

---

[1] 蒙台梭利对儿童使用教具的活动的称呼。——译注

第九章 惩罚

纪律的轨道。被隔离的孩子总是被当作特别照顾的对象,就像他生病了一样。当我自己走进教室时,我会直接走向他,就好像他是一个很小的孩子。然后我把注意力转向其他人,我对他们的工作表示出兴趣,问他们问题,就好像他们是小大人一样。我不知道这些需要纪律约束的孩子的心里发生了什么,但他们的转变总是非常彻底和持久的。他们为学会如何工作和如何规范自己的行为感到非常自豪,并且总是对老师和我表现出温柔之情。[1]

这种方法的成功取决于传统学校所缺乏的几个因素。首先,排除了那些生理缺陷而导致行为不良的学生。其次是运用这种方法需要策略和技巧。但真正重要的是班上大多数孩子表现良好,不守纪律的孩子感到自己与他理应尊重的舆论相违背。当然,如果一个教师的班级都是一心想"胡闹"的孩子,那情况就完全不同了。我不打算讨论这位教师应该采用的方法,因为如果教育从一开始就进行得当,就永远不需要这些方法了。只要用正确的方法,教正确的东西,孩子们是喜欢学习的。人们在传授知识的过程中犯的这种错误,在儿童早期阶段,涉及饮食和睡眠时也会犯:将一些对孩子来说真正有好处

---

[1]《蒙特梭利方法》,海涅曼,1912年,第103页。

的事表现得像对大人们的一种恩惠。幼儿很容易认为,大人的期望是他吃和睡的唯一理由,这会让他们因为睡眠不足而消化不良。[1]除非孩子生病了,否则他不吃东西就让他挨饿吧。我的孩子是被保姆哄着吃东西的,结果要他吃东西越来越难。有一天,当我们给他吃午饭时,他拒绝吃他的布丁,所以我们把它拿出去了。过了一会儿,他要求把布丁还给他,结果厨师已经把布丁吃了。他目瞪口呆,从此再也没有对我们装模作样过。同样的方法也应该适用于教学。那些不想学习的人应该可以离开,不过要确保他们在缺席上课时百无聊赖。如果他们看到别人都在学习,他们自然马上会吵着要学习,这时老师就可以表现得像给了他恩惠,不过这也是实情。我觉得每所学校都应该有一间宽敞的空教室,如果学生不想学习,他们可以去那里,但如果他们去了,就不允许他们当天回来上课。如果他们在课堂上表现不好,也可以把他们送到那里作为惩罚。惩罚的内容应该是你希望犯错的人感到厌恶之事,而不是你希望他感到欢喜之事,这似乎是一条简单的原则。然而,宣称要培养孩子对古典文学的热爱的人,却把"罚抄写"作为一种常见的惩罚。

轻微的惩罚对于处理轻微的过失有其作用,尤其是与礼貌

---

[1] 见 H. C. 卡梅隆博士《紧张的孩子》,第四、五章。

第九章 惩罚

有关的行为。表扬和责备是对小孩子的重要奖惩方式；如果是从令人尊敬的人嘴里说出来，对年龄较大的孩子也有用。我认为没有表扬和责备就不可能进行教育，但是两者都需要一定程度的谨慎。首先，表扬和责备都不应该采取比较的方式。不应该对一个孩子说他比某某做得好，或者某某从不淘气：前者引起轻视，后者引起敌意。其次，责备应该远少于表扬，它应该是一种对意外的失当行为进行的明确的惩罚，并且在它产生效果之后就不应该再继续使用。第三，不应该对任何理所当然的事情给予表扬。要表扬的是勇气或技能的进步，以及对私人拥有的物品的无私行为——如果这种行为是孩子通过自己的道德努力实现的。在整个教育过程中，任何异常优秀的工作都应受到赞扬。历尽艰辛获得成就而受到表扬，是青少年时代最愉快的经历之一，对这种愉快的渴望可以作为一种额外的激励，但是它不应成为主要的动机，主要的动机始终应该是对事情本身的兴趣，不管这件事情是什么。

品性上的严重缺陷，比如残忍，很少能用惩罚的方式来处理。或者更确切地说，惩罚在处理这类问题时只占很小的比重。虐待动物或多或少是男孩的天性，为了防止这种行为，需要特别的教育。平时按兵不动，直到你发现你儿子正在折磨一只动物，然后你再去教训他，这无疑是非常糟糕的做法。这只会让他希望自己没有被你当场逮住。你应该注意那些后来可能发展成残忍行为的端倪。教孩子尊重生命，不要让他看到你杀死动物，哪怕是黄蜂或蛇。如果不能避免，就非常仔细地解释为什么在这种特殊情况下要这样做。如果他对比他小的孩子做了一些有点不友好的事情，那就立刻对他也这样做。他会抗议，你可以解释说，如果他不希望别人这样对他，他就不能这样对别人。这样，他就会强烈地意识到别人和他有同样的感受这一事实。

显然，这种方法的关键是要及早开始，并应用于轻微形式的不友善上。只有对他人造成的伤害不大时，你才能以同样的方式对孩子。当你采用这个方法时，不要让他觉得你是在惩罚他，而要让他觉得是在教导他："看，你就是这样对待你的小妹妹的。"当孩子抗议时，你就说："好吧，如果你不喜欢别人这样对你，你就不要对她这样做。"只要整个事件是简单而直接的，孩子就能理解，并懂得必须考虑别人的感受。在这种情况下，不会发展出严重的残忍行为。

一切道德教育都必须是直接的和具体的：它必须产生于一种自然形成的情境，而且不能超出在这种特殊情况下应该做的事情。孩子自己也会把这种道德标准应用到其他类似的情况中。掌握一个具体的实例，并对一个类似的实例应用类似的考虑，要比理解一个一般性规则并进行演绎容易得多。不要笼统地说"要勇敢，要善良"，而是鼓励他做一些具体的勇敢的事，

第九章 惩罚

然后告诉他:"太棒了,你是个勇敢的孩子。"让他允许他的小妹妹玩他的机械火车头,当他看到妹妹快乐的笑容时,对他说:"做得好,你是个善良的孩子。"同样的原则也适用于处理残忍,要注意防微杜渐。

如果你尽了一切努力,但严重的残忍行为还是在日后出现了,那么你必须非常严肃地对待这件事,就像对待疾病一样。对孩子的惩罚应该用让他感觉不愉快的事情,就像他患麻疹时的不舒服一样,而不是让他觉得自己很坏。应该把他和其他孩子、动物隔离一段时间,并向他解释,让他和他们待在一起是不安全的。应该尽可能地让他认识到,如果他自己被残忍地对待,他会遭受怎样的痛苦。应该使他感到,巨大的不幸会以做出残忍行为的冲动的形式降临在他头上,而他的长辈们正竭力保护他,使他将来免遭类似的不幸。我相信,除了少数病态的情况,运用此类方法一定会获得成功。

我相信体罚永远是不对的。轻微的体罚虽然不会造成伤害,却也没有益处;而严重的体罚会引发残忍和暴力。的确,孩子通常不会怨恨实施体罚者;甚至当体罚成为了习惯,孩子们就会适应它,并把它看作自然规律的一部分。但这使他们习惯于这样一种观念,即为了维持权威而施加身体上的痛苦是理所当然的——这对那些可能获得权力地位的人来说是一个特别危险的教训。它还破坏了亲子之间、师生之间本应存在的公开信任关系。现代父母希望无论父母在或不在，他的孩子们都能无拘无束；希望孩子看到他们来时感到高兴，不希望盯着他们的时候，孩子们好像过安息日般平静，而他一转身，他们就乱成一团。赢得孩子们真诚的爱，是人生最大的快乐。我们的祖辈不知道有这种快乐，因此也不知道他们错失了这种快乐。他们教导孩子们，爱父母是他们的"义务"，而后又使这一义务几乎不可能履行。在本章开头引用的诗句中，当卡罗琳的父亲走到她面前，"毫不犹豫地鞭打她"时，她怎么可能感到快乐？只要人们坚持认为可以将爱作为一种义务来命令，他们就不会设法去赢得作为真正情感的爱。这导致人与人之间的关系始终冷漠而残酷。惩罚是这整个观念的一部分。奇怪的是，那些做梦也不会想到要对女人动手的男人，竟然能对手无寸铁的孩子施加体罚。不幸中的万幸，近一百年来，关于父母和孩子关系的更开明的观念逐渐深入人心，随之而来的是整个惩罚理论的转变。我希望，在教育中开始盛行的开明观念，可以逐渐扩展到其他人际关系中，因为这些观念在其他人际关系中，就像我们在处理与孩子的关系时一样，是不可或缺的。

第十章 同伴的重要性

到目前为止，我们一直在讨论父母和老师在培养孩子正确品性方面能做些什么。但是，如果没有其他孩子的帮助，有很多事情是不可能做到的。随着孩子年龄的增长，这一点变得越来越重要；事实上，在大学时代，同龄人的重要性最为显著。在生命的第一年，其他孩子在最初的几个月里一点也不重要，直到最后的三个月里才有一点益处。在这个阶段，只大一点的孩子才是有用的。家中的第一个孩子学习走路和说话通常比后来出生的孩子要慢，因为成年人在这些方面的技能是如此完美，他们很难模仿。对于一岁的孩子来说，三岁的孩子是一个更好的榜样，因为他所做的事情更多的是年幼的孩子希望做的事情，也因为他的能力看起来不那么遥不可及。孩子们觉得其他孩子比成年人更像自己，因此其他孩子的所作所为更能激发他们的进取心。只有家庭才能通过大一点的孩子提供这种教育的机会。大多数有选择的孩子都希望和比自己大的孩子一起玩，因为这样他们会觉得自己也更"大"；但这些大孩子却又希望和比自己大的孩子一起玩，以此类推。结果是，在学校里，或者在贫民区的街道上，或者在其他任何有很大选择余地的地方，孩子们几乎都和同龄人一起玩，因为大一点的孩子不会和小孩子一起玩。这样一来，年幼的孩子可以从大孩子那里学到的东西，就只能在家里学了。这样做的缺点是，每个家庭总有一个最大的孩子，而这个孩子却无法从这种方法中受益。随着家庭规模的缩小，更多的孩子成了家中最大的孩子，所以这个弊端也就越来越严重。小家庭在某些方面对孩子是不利的，除非有幼儿园作为补充。关于幼儿园，后面还会专章讨论。

年长的孩子、年幼的孩子和同龄的孩子都各有其用，但是由于刚才提到的原因，年长的孩子和年幼的孩子的用处主要限于家庭之内。大孩子的最大用处在于提供可效仿的目标。一个孩子会非常努力地证明他有资格参加大孩子的游戏。大孩子表现得随性自然，没有成年人和儿童做游戏时必然会有的考虑和假装。但成年人如果没有这种考虑和假装，游戏时会让孩子感到痛苦，因为成年人有力量和权威；而且成年人参与游戏是为了让孩子开心，而不是让自己高兴。孩子会高兴地听哥哥姐姐的话，但却不会乐于服从成年人，除非是受到严厉的管教。以从属角色进行合作，这一课最好是从其他孩子身上学习；如果成年人试图教孩子这一点，他们会面临不近人情和虚伪这两种相反的危险——如果他们要求真正的合作，就显得不近人情；如

第十章 同伴的重要性

果他们满足于表面上的合作，就显得虚伪。我的意思并不是说应该永远避免真正的合作或表面上的合作，而是说，这种合作不具备年长的孩子和年幼的孩子之间的那种自发性，因此，就不能长时间让双方愉快地玩在一起。

在整个青少年时期，年龄稍大的孩子在教育方面不断发挥着特殊的作用——不是在正式的教育而是在学校时间以外的教育中。一个稍大一点的男孩或女孩总是能非常有效地激发进取心，如果他们友好体贴，他们能比成年人更好地答疑解惑，因为他们自己刚刚克服过那些困难，记忆犹新。甚至在大学里，我也从比我年长几岁的人那里学到了很多东西，这些东西是我从庄重可敬的大人那里学不到的。我相信，只要大学里的社会生活不是过分严格地受制于"年级"的划分，这种经历就具有普遍意义。当然，在高年级学生认为与低年级学生交往有失身份时——这种情况经常发生，就不可能有这类经历了。

年幼的孩子也有其用处，尤其是在三岁到六岁之间，这些用处主要与道德教育有关。只要孩子和大人在一起，他就没机会练习一些重要的美德，也就是强者对待弱者所需要的那些美德。必须教育孩子不要强行从弟弟妹妹那里拿走东西，不要在弟弟妹妹不小心打翻他的积木塔时表现出过度的愤怒，不要霸占别人想要而自己不用的玩具。必须教导他，弟弟妹妹很容易被粗暴的对待所伤害，如果他肆意弄哭他们，他应该感到内疚。只有在为了保护年幼孩子的情况下，可以疾言厉色地训斥大孩子，这种做法虽然平时不合理，但这时突然的训斥可以让孩子产生深刻的印象，因此有其作用。所有这些都是非常有益的教训，几乎不可能用任何其他方式自然地教给孩子。对孩子进行抽象的道德教育是愚蠢的，浪费时间；一切都必须是具体的，而且是实际存在情景所要求的。许多事从成年人的角度来看是道德教育，对孩子来说，却与教他们如何使用锯子没有两样。孩子会觉得大人是在示范如何做某件事，这就是榜样如此重要的原因之一。一个看过木匠工作的孩子会试图模仿他的动作；一个看到父母总是表现出善良和体贴的孩子，在这方面也会试图模仿父母。每个事例中，孩子想模仿的东西都与威信相联系。如果你郑重其事地教孩子如何使用锯子，而你自己却总把它当斧子用，那你就永远无法把他培养成一个合格的木匠。如果你要求他对小妹妹好一点，但是你自己不善待她，你所有的教导都会功亏一篑。因此，当你不得不做一些弄哭小孩子的事情，比如给他清理鼻子中的污垢时，你应该仔细地向大孩子解释你必须这样做的理由。否则，他很可能会奋起保护年幼的孩子，和你斗争，让你停止残忍的行为。如果你任由他觉得你很残忍，你就失去了约束他的残暴冲动的权力。

虽然年长和年幼的孩子都很重要，但同龄人更为关键，至少从四岁以后是如此。与平辈的相处之道是最需要学习的。现

第十章 同伴的重要性

实世界中的大多数不平等都是人为造成的，如果我们的行为能摒弃这种不平等，那再好不过。富人认为自己比厨师优越，对待厨师的方式与他们在社交上的表现有所不同。但他们在公爵面前又自惭形秽，因此对待公爵的方式缺乏自尊。在这两种情况下，他们都错了：厨师和公爵都应该被平等看待和平等对待。青少年时期，年龄会造成一种非人为的等级观念，正因如此，在与同龄人交往中，才能更好地学会日后生活所需的社会习惯。各种各样的游戏在同龄人之间进行得更好，学校里的竞争也是如此。在同学中，一个孩子的重要性是由同学们的判断所决定的，他可能被人钦佩或轻视，但这个问题取决于他自己的品性和能力。慈爱的父母创造了一个过于宽容的环境；无情的父母则创造了一个压抑自发行为的环境。只有同龄人才能在自由竞争和平等合作中为本能提供空间。只有在与平等的人打交道时，才能更好地学会自尊而不残暴、体贴而不奴性。由于这些原因，父母的关怀再多，也不能让孩子在家庭中获得在一所好学校里所能获得的益处。

除了以上考虑外，还有另一个也许更重要的理由。儿童的身心发育需要大量的游戏，在呱呱坠地数年之后，只有通过和其他孩子一起玩耍才能达到满意的效果。缺乏游戏，孩子会变得紧张不安，失去生活的乐趣，产生焦虑。当然，像约翰·斯图亚特·密尔[1]那样长大，三岁就开始学希腊语，却从不知道任何普通孩子的乐趣，也是可能的。仅从获取知识的角度来看，效果可能是好的，但从整体上看，我无法赞同。密尔在他的自传中提到，他在青少年时期差点自杀，因为他认为所有的音符组合总有一天会用完，那时就不可能创作出新的音乐了。很明显，这种执念是神经衰弱的症状。在后来的生活中，每当他遇到一场有可能证明他父亲的哲学是错误的争论时，他就像受惊的马一样躲开，从而大大削弱了他的推理能力的价值。如果有较为正常的青少年生活，他的智力可能会有更大的弹性，使之在思想上更有原创性。不管怎样，这肯定会赋予他更大的能力去享受生活。我本人在十六岁以前是单独教育的产物——虽然没有密尔那么严格，但仍然缺乏一般青少年所享有的乐趣。我在青春期经历了密尔所描述的同样的自杀倾向——在我的例子中，是因为我想到力学定律控制了我身体的运动，使自由意志沦为一种纯粹的错觉。当我开始与同龄人交往时，我才发现自己是一个棱角分明的书呆子。至于现在多大程度还是这样，这不是我说了算的。

尽管有以上种种论点，我还是要承认，有一定数量的孩子

---

[1] 约翰·斯图亚特·密尔（John Stuart Mill, 1806—1873），英国著名哲学家、心理学家和经济学家，功利主义哲学家詹姆斯·密尔的儿子。——译注

第十章 同伴的重要性

不应该上学,而且其中有些是非常重要的人才。如果一个男孩在某方面有超常的智力,再加上体质差和极度紧张,他可能完全无法融入一群正常的男孩中,甚至可能会因受到迫害而发疯。超常的能力往往与精神不稳定有关,在这种情况下,最好采取可能对正常男孩不适用的方法。应该仔细地找出异常的敏感是否有某种确切的原因,并且应该耐心地尽力治愈它。但这些努力绝不应该让孩子遭受可怕的痛苦,比如一个异常的男孩可能很容易从残忍的同伴那里遭受折磨。我认为,这种敏感通常源于婴儿时期的错误对待,这些错误使孩子的消化系统或神经系统发生紊乱。如果能明智地照料婴儿,我想他们都会成长为完全正常的少男少女,享受其他孩子的陪伴。然而,也会有一些例外,它们比较容易发生在那些有某种天才的人身上。在这些罕见的情况下,学校不是好选择,而更受庇护的青少年时期才是首选。

第十一章 爱和同情

迄今为止我没有谈到爱,很多读者可能会认为有些不可思议,因为在某种意义上,爱是好品性的精髓。我认为,爱和知识是正确行为的两个必要条件,然而,在谈到道德教育时,我却闭口不谈爱。我的理由是,正确的爱应该是恰当对待成长中的孩子的自然结果,而不是在各个阶段所刻意追求的东西。我们必须清楚所需的爱的类型,以及不同年龄阶段的性情。从十岁或十二岁到青春期,男孩往往缺乏情感,试图强迫他的天性往往徒劳无获。在整个青少年时期,表达同情的机会比成年时期要少,这一方面是因为他们缺乏有效表达同情的能力,另一方面也是因为一个年轻人必须考虑自己的生活训练,这在很大程度上使他无暇关注他人的利益。由于这些原因,我们应该更注重培养富有同情心和爱心的成年人,而不是强迫儿童在早年就早熟地发展这些品质。就像品性教育中的所有问题一样,我们的问题是一个科学问题,属于所谓的心理动力学范畴。爱不能作为一种义务而存在:告诉一个孩子应该爱他的父母和兄弟姐妹是完全无用的,甚至会产

第十一章 爱和同情

生更糟糕的效果。希望得到子女敬爱的父母，其行为必须能激发子女的爱，并且必须努力赋予子女那些能产生博爱的身心特性。

父母不仅不能命令孩子们去爱自己，而且他们所做的任何行为都不能以让孩子爱自己为目的。诚挚的父母之爱在这方面不同于性爱。性爱的本质是寻求回应，这是很自然的，因为如果没有回应，它便不能完成它的生理功能。但寻求回应并不是父母之爱的本质。父母的本能是自然而质朴无华的，他们对待孩子就像对待自己身体的外化部分一样。如果你的大脚趾出了毛病，你会出于自身利益去照料它，而不会指望它感激你。我想，即使是未开化的蛮妇悍女，对她的孩子也怀着非常相似的感情。她希望孩子幸福，就像希望自己幸福一样，尤其是在孩子还很小的时候。她照顾孩子就像照顾自己一样，并没有自我牺牲的意识；正因如此，她也不指望得到孩子的感激。只要孩子还不能自理，孩子对她的需要就是令她满意的回应。后来，随着孩子不断长大，她的爱会减少，而她对孩子的要求可能会增加。对动物来说，当幼崽长大后，父母之爱便结束了，父母并不会对孩子提出任何要求；但对人类来说，即使他们非常原始落后，情况也并非如此。一个健壮的战士的父母会期望自己年老体衰时儿子能赡养和保护自己。埃涅阿斯和安喀塞斯[1]的故事在更高的文明层次上体现了这种情感。随着人类更深谋远虑，利用子女的爱，以便老有所依的趋势也在增加。因此，孝的原则在世界各地都存在，并体现在摩西十诫的第五诫中。随着私有财产和有组织政府的发展，孝道的重要性正在降低；几个世纪后，人们将会了解这一事实，孝道这种情感就会过时。在现代社会，一个五十岁的人可能还在经济上依赖八十岁的父母，所以重要的仍然是父母对子女的爱，而不是子女对父母的爱。当然，这主要适用于有产阶级；在工薪阶层中，旧有的关系依然存在。但即使在工薪阶层，由于养老金和类似的措施，这种关系也在逐渐被取代。因此，子女对父母的爱不再是基本美德中的一部分，而父母对孩子的爱仍然非常重要。

精神分析学家还指出了另一种危险，尽管我认为他们对事实的解释值得质疑。我所指的是那些子女对父母中的一方过度忠诚的危险。一个成年人，甚至是一个青少年，都不应该被父亲或母亲的阴影笼罩，以致不能独立思考或感受。如果父母的个性比孩子的个性强势，这种情况就容易发生。除了罕见的病态案例外，我不相信存在"俄狄浦斯情结"，即母亲对儿子

---

[1] 特洛伊英雄埃涅阿斯（Aeneas）是安喀塞斯与女神阿佛洛狄忒的儿子，特洛伊城陷落后，他背着父亲逃往意大利。——译注

第十一章 爱和同情

以及父亲对女儿的特殊吸引力。如果父母对子女的过度影响存在的话,也主要发生在与孩子关系最密切的人——通常是母亲——身上,而与性别的差异无关。当然,也有可能发生这样的情况:一个女儿不喜欢她的母亲,又很少见到父亲,她可能会把后者理想化。但在这种情况下,这种影响是由女儿对父亲的幻想而不是由实际的父亲施加的。理想化就是把希望挂在钉子上,钉子只是为了方便,与希望的本质无关。父母的过度影响与此完全不同,因为它与真实的人有关,而不是与想象的形象有关。

与孩子朝夕相处的成年人,很容易在孩子的生活中占据主导地位,甚至在孩子以后的生活中,仍使之成为自己精神上的奴隶。这种束缚可能是智力上的,也可能是情感上的,或者两者兼而有之。前者突出的例子是约翰·斯图亚特·密尔,他在最后关头永远没办法承认他的父亲可能犯错。在某种程度上,智力受缚于早年环境是正常的;很少有成年人的观点能跳脱父母或老师的教导之外,除非有某种普遍的趋势带领他们进步。然而,有人可能坚持认为智力上的束缚是自然和正常的,但我倾向于认为,这种束缚只有通过特殊的教育才能避免。应该小心避免父母和学校的过度影响,因为在一个瞬息万变的世界里,固守过去一代人的观念是极其危险的。但现在,我只讨论情感和意志上的束缚,因为这与我们当前的话题有更直接的联系。

精神分析学家在"俄狄浦斯情结"（我视之为误导）的名目下所探讨的罪恶，来源于父母对子女的情感回应的过度渴望。正如我刚才所说的，我相信纯粹的父母本能并不需要情感回应；子女的依赖，以及他们向父母寻求保护和食物的事实就能使这种本能得到满足。当这种依赖停止时，父母之爱也就停止了。这就是动物之间的状态，也完全满足了它们的需求。但是，这种本能的单纯性对人类来说，则几乎不可能做到。我已经探讨过基于军事和经济的考虑而在宣扬孝道时所产生的影响。现在，我要谈的是两个纯粹的心理学根源，它们往往与父母本能相混淆。

第一种是理智服从来自本能的快乐时所产生的混淆。广义地说，本能使人们做出产生有益结果的令人愉快的行为，但行为的最终结果可能并不令人愉快。吃东西是令人愉快的，但消化却不是，尤其是消化不良的时候。性爱是愉快的，但分娩却不是。一个婴儿的依赖是令人愉快的，但一个强壮有力、长大成人的儿子的独立就不见得带来愉快的感觉。原始形态的母亲从吸吮乳房的婴儿身上获得极大的快乐，随着孩子可以自理，这种快乐就会逐渐减少。因此，有一种倾向，父母为了自己的快乐，延长孩子不能自理的时间，并推迟孩子可以脱离父母指导的那一天的到来。这可以在一些俗语中得到反映，比如"拴

第十一章 爱和同情

在妈妈的围裙带上"。人们认为,除非把男孩送去学校,否则不可能改正男孩身上的这种恶习。对于女孩来说,这并不被认为是一种恶习,人们认为让她们变得无助且有依赖性是可取的(如果她们是富家女的话),并且希望她们在婚后会像以前依附于父母一样依附于丈夫。不过这种情况很少发生,并由此产生了关于"岳母"的笑话。笑话的目的之一是阻碍思考——在这一点上,这个笑话非常成功。似乎没有人意识到,一个被培养成依赖他人的女孩自然会依赖母亲,因此无法与一个男人结成全心全意的伴侣关系,而全心全意的伴侣关系正是幸福婚姻的本质。

第二个心理学上的混淆更接近正统的弗洛伊德学派的观点。它产生于性元素进入父母之爱。我指的并不是任何必然取决于性别差异的事物,我指的仅仅是对某种情感反应的渴望。性心理的一部分——事实上,正是这一部分使一夫一妻制成为一种可能的制度——是成为某人心中的第一位的欲望,是觉得自己对世界上至少一个人的幸福来说比其他人更重要的欲望。当这种欲望促成婚姻后,只有在其他一些条件得到满足的情况下,才会产生幸福。在文明国家,由于这样或那样的原因,很大一部分已婚妇女不能拥有令人满意的性生活。当这种情况发生在一个女性身上时,她就倾向于从她的孩子那里寻求一种不合理的、虚假的欲望的满足,而这种欲望本只有成年男性才能充分自然地予以满足。我指的并不是什么显而易见的东西，仅仅是某种紧张的情绪、热烈的激情，一种在亲吻和爱抚中得到的快感。在一个慈爱的母亲身上，这些事情过去常常被认为是正确和恰当的。事实上，正确与有害之间的区别非常微妙。像某些弗洛伊德学派的人那样坚持认为的，父母根本不应该亲吻和爱抚孩子，太过荒谬。孩子有权利从父母那里得到温暖的爱，这种爱给予他们乐天、无忧无虑的世界观，对其健康的心理发展至关重要。但这种爱应该是他们理所应得之物，就像他们呼吸的空气一样，而不是期望他们做出回应的东西。关于回应的问题才是问题的本质。孩子有某种自发的回应不失为好事，但这与孩子气的同伴之间主动追求友谊大不相同。从心理学上讲，父母应该成为一个背景，不应该让孩子以取悦父母为目的去行动。父母的快乐应该在于孩子的成长和进步，孩子给予的任何回应都应该当作纯粹的意外收获而心怀感激地去接受，就像春天的好天气一样，而不应把它当作理所应当的事情。

一个女人很难成为理想的母亲或幼儿教师，除非她在性方面得到满足。无论精神分析学家怎么说，为人父母的本能与性本能在本质上是不同的，它会因与性相适应的情感因素的侵入而遭受破坏。雇用独身女教师的习惯，在心理学上是不智之举。最适合与孩子相处的女性是这样的女性：她不会本能地从孩

第十一章 爱和同情

子那里寻求本不应指望他们提供的满足。婚姻幸福的女人无须努力就属于这一类人,而其他女人则需要一种几乎不可能做到的微妙的自制力。当然,在同样的情况下,同样的事情也适用于男人,但这种情况在男人身上出现的频率要低得多,一方面是因为他们的父母本能通常不是很强,另一方面是因为他们很少欲求不满。

我们自己也应该清楚,自己期望子女对父母的态度是什么样。如果父母对他们的孩子有正确的爱,孩子的反应就会如父母所希望。父母来了,孩子会高兴,父母走了,孩子会难过,除非他们正全神贯注于某些有趣的活动;凡是遇到任何身体或心理上的问题,他们会向父母寻求帮助;他们敢于冒险,因为他们信赖父母会在背后保护他们——但这种感觉除了在危险时刻之外几乎是不自觉的。他们期望父母回答他们的问题,解决他们的困惑,帮助他们完成困难的任务。父母为他们所做的大部分事情,都不会被他们意识到。他们喜欢父母,不是因为父母给他们提供食宿,而是因为父母和他们一起玩,教他们如何做新的事情,给他们讲关于这个世界的故事。他们将逐渐意识到父母爱他们,但这应该被作为一个自然的事实来接受。他们对父母的爱与对其他孩子的爱截然不同。父母的行为必须以孩子为考量,而孩子的行为则必须以他自己和外部世界为考量。这就是本质的区别。在与父母的关系中,孩子没有重要的职责要履行。他的职责是长智慧、长身体，只要如此，健康的父母本能就得到了满足。

我很抱歉给人留下这样的印象，即我想减少家庭生活中的爱或爱的自然表现。那并非我本意。我的意思是，有不同种类的爱。夫妻之爱是一回事，父母之爱是一回事，孩子对父母的爱又是另一回事。当这些不同种类的自然情感混为一谈时，伤害就会出现。我不认为弗洛伊德学派已经真理在握，因为他们没有认识到这些情感的本能差异。这在某种意义上使他们在对待亲子关系时变成禁欲主义，因为他们把父母和孩子之间的任何爱都看作一种不恰当的性爱。只要没有特别不幸的情形，我不认为需要任何必要的自我克制。一对彼此相爱也爱他们的孩子的夫妻，当然有权遵从内心自由地行动。他们需要许多思考和知识，但他们都会从父母之爱中获得。父母不应向子女索取他们从夫妻之间才能获得的东西，但如果他们让彼此感到幸福，他们根本不会有这样做的冲动。如果孩子们得到妥善的照顾，就会对父母产生一种自然的感情，这种感情不会成为他们独立的障碍。我们需要的不是禁欲主义的自我克制，而是以理智和知识为充分依据的本能的自由和发展。

在我儿子两岁零四个月的时候，我去了美国，离开了三个月。我不在的时候他也非常开心，但当我回来时，他简直欣喜若狂。我发现他在花园门口急不可耐地等候着。他抓住我的

第十一章 爱和同情

手,给我展示他特别感兴趣的东西。我想听但不想说,他想说却不想听。这两种冲动虽然大相径庭,却又和谐融洽。至于故事,他愿意听,我愿意讲,这样又有了和谐。这种情况只发生过一次颠倒。他三岁零六个月的时候,我过生日,他妈妈告诉他,做什么事都要让我高兴。听故事是他最大的乐趣。出乎我们意料的是,当到了听故事的时间,他宣布要给我讲故事,因为今天是我的生日。他讲了许多个故事,然后停了下来,说:"今天的故事讲完了。"那是三个月前的事了,但那之后他再也没讲过故事。

接下来我将谈到一个更广泛的问题,即一般意义上的爱与同情。至于父母和子女之间,由于父母有滥用权力的可能性,亲子间会产生一些冲突;在讨论一般问题之前,有必要先处理这些冲突。

没有一种方法可以强迫孩子产生同情或爱,唯一可能的方法是观察这些感情自发产生的条件,然后努力创造这些条件。毫无疑问,同情有一部分属于本能。当兄弟姐妹哭泣时,孩子会担心,因此经常也会跟着哭。当大人对他们做了令他们不愉快的事情时,他们会一起激烈地反对大人。有一次,我儿子肘部受伤,必须包扎,他的妹妹(十八个月大)在另一个房间听到他的哭声,非常难过。她不停地重复着"乔尼哭了,乔尼哭了",直到痛苦的包扎结束。还有一次,当我儿子看到他妈妈用针挑脚上的一根刺时,他焦急地说:"不疼,妈妈。"他妈妈希望教他遇事不要大惊小怪,就说刺扎在肉里是疼的。他坚持说不疼,于是她坚持说疼。然后他突然抽泣起来,就像他自己的脚疼一样激动。这种情况一定是出于本能的身体上的同情。这是建立更复杂的同情形式的基础。很明显,除了让孩子明白人类和动物都能感觉到痛苦,并且在某些情况下确实会感受到痛苦之外,不需要再做进一步的正面教育。然而,还有一个消极条件:不能让孩子看到他所尊敬的人做出无情的或残忍的行为。如果父亲狩猎,或者母亲粗鲁地对女佣说话,孩子就会染上这些恶习。

如何以及何时让孩子了解世界上的罪恶是一个难题。孩子在成长过程中不可能对战争、屠杀、贫穷和可预防却仍肆虐的疾病一无所知。在某一阶段,孩子必须知道这些事情,并且必须把这些知识与一个坚定的信念结合起来,即施加(或者允许)任何本可以避免的痛苦,都是罪大恶极之事。我们现在所面临的问题与那些希望保持女性贞节的人所面临的问题相似,这些人原本信奉女性在结婚之前必须对性无知,但现在采取了更积极的措施。

据我所知,一些和平主义者希望在教授历史时不涉及战争,并认为应该尽可能长时间地使孩子们对世界上的残暴行为一无所知。但是,我不赞同这种建立在无知之上的"遁世的美

第十一章　爱和同情

德"。既然教授历史，就应该如实地教授。如果真实的历史与我们希望培养的任何道德相悖，那么我们的道德必然是错的，我们最好抛弃它。我完全承认，许多人，包括一些最高尚的人都觉得如实讲授事实很麻烦，但这是由于他们的道德存在某种弱点。一个真正健全的道德体系，只有通过对世界上真正发生的事情的最充分的了解，才能得到加强。我们绝不能冒这样的风险，即让在无知中受教育的年轻人，一旦发现世界上有邪恶之事就欣然走上邪恶之路。除非我们能教他们厌恶残忍，否则他们是不会戒除残忍的；如果他们不知道残忍的存在，他们就不可能对它产生厌恶。

然而，让孩子们了解罪恶的正确方法并不容易找到。当然，那些生活在大城市贫民窟里的人很早就知道了酗酒、争吵、家暴等。如果这跟其他影响抵消，也许对他们不会造成伤害，但任何细心的父母都不会有意让非常年幼的孩子接触这样的景象。我认为这类景象最大的害处是，它们引发的恐惧如此生动鲜明，会给以后的人生蒙上阴影。一个没有防御能力的孩子第一次直面虐待孩子的可能性时，会情不自禁地感到恐惧。我第一次读《雾都孤儿》时大概十四岁，但它却使我心中充满了恐惧，倘若我再小一点，恐怕是无法忍受的。在孩子们长大到能够稍显镇定地面对可怕事物之前，不应该让他们知道这些事。这一时期在不同孩子身上有早有晚，那些富有想象力或胆小的孩子,必须比那些钝感或天生勇敢的孩子得到更长时间的庇护。在让孩子面对无情粗暴的存在之前,应该先牢固地培养一种因期待仁慈而无所畏惧的心理习惯。选择恰当的时机和方式需要策略和理解力,这不是由一条规则就能解决的问题。

不过,有一些准则是应该遵循的。首先,像"蓝胡子"和"巨人杀手杰克"这样的故事并不涉及任何关于残忍的知识,因此也不会引发我们正在探讨的问题。对孩子来说,它们纯粹是幻想,他不会用任何方式把它们与现实世界联系起来。毫无疑问,他从中获得的快乐与野蛮的本能有关,但这些只是一个弱势的孩子无害的游戏冲动罢了,而且随着年龄的增长,它们往往会消失。然而,当第一次向孩子介绍现实世界中存在的暴行时,必须小心选择,使他能把自己与受害者而不是施暴者联系在一起。在他把自己与暴君等同起来的故事中,他身上的某种野蛮的东西会欢欣鼓舞,这种故事容易造就一个帝国主义者。但是亚伯拉罕准备牺牲以撒的故事,或者母熊杀死被以利沙诅咒的孩子的故事[1],自然会引起孩子对另一个孩子的同情。如果要讲这样的故事,就应该表明以前的人类会堕落到何等残忍的程度。当我还是个孩子的时候,曾经听过一场长达一个小

---

[1] 此处提到的均为《圣经》旧约中的故事。——译注

第十一章 爱和同情

时的布道，通篇都是在证明以利沙诅咒孩子是对的。幸运的是，我当时的年龄已经够大，可以辨别牧师有多愚蠢，否则我早就吓疯了。亚伯拉罕和以撒的故事更可怕，因为虐待孩子的是他的父亲。当这样的故事以亚伯拉罕和以利沙是善良的为假设进行讲述时，除非对它们置之不理，否则会彻底降低孩子的道德水准。但是，当这些故事被用来说明人类的邪恶时，则多少是有用的，因为它们生动、久远且是虚构的。《约翰王》[1]中休伯特挖出小亚瑟眼睛的故事也可以同样使用。

如此我们就可以教授历史了，包括所有的战争史。但在讲述战争时，首先应该对战败者表示同情。我建议从那些我们自然会站在失败者一边的战役说起——例如，对英国儿童可以讲述黑斯廷斯战役[2]。我建议始终强调战争所造成的创伤和痛苦，逐渐引导孩子在阅读有关战争的书籍时不带党派偏见，而把交战双方都看作失去理智的愚蠢之人，应该有护士把他们按在床上，直到他们好起来为止。我建议把战争类比为幼儿园里孩子们之间的争吵。这样，我相信孩子们可以看到战争的真相，并意识到战争有多么愚蠢。

---

1 《约翰王》（*King John*）是莎士比亚所著历史剧。——译注
2 黑斯廷斯战役是1066年英格兰国王哈罗德二世和诺曼底公爵威廉一世的军队在黑斯廷斯进行的一场交战，最后以征服者威廉获胜告终，哈罗德二世战死。——译注

如果任何冷酷或残忍的实例引起了孩子们的注意,应该对它们进行充分的讨论,讨论时要考虑到成年人自己对此所持有的所有道德价值观,并始终带着这样的暗示:那些做出残忍行为的人是愚蠢的,因为他们没有受过良好的教育,所以不知道什么是更好的做法。但是,如果这些事情不是孩子在现实世界中自发观察到的,我不建议提醒他注意,在他从历史和故事中逐渐熟悉这些事情之后,再逐渐让他知道他所处的世界中存在的罪恶。但应该始终给他一种感觉,即罪恶是可以被战胜的,它是无知、缺乏自我控制和不良教育造成的结果。我不鼓励孩子对作恶者愤愤不平,而是要把他们看作不懂得什么是幸福的笨蛋。

倘若有了这种本能的萌芽,广泛的同情心的培养就主要是一个智力问题:它取决于正确的注意力方向,以及对军国主义者和专制主义者所隐瞒的事实的认识。可以以托尔斯泰对拿破仑获胜后在奥斯特里茨战场上巡视的描写为例[1]。大多数历史学家只会记载到战斗结束为止,托尔斯泰通过在战场上多逗留十二个小时的简单方法,呈现了一幅完全不同的战争图景。要做到这一点,不是通过隐瞒事实,而是提供更多的事实。适用于战

---

[1] 指1805年底拿破仑与俄奥联军之间的会战,俄国作家列夫·托尔斯泰在《战争与和平》一书中对此战做了生动描写。——译注

第十一章 爱和同情

争的道理,同样适用于其他形式的残忍行为。在所有这些事例中,完全没有必要强调道德,正确地讲述故事就足够了。切勿说教,而是让事实在孩子心中产生自己的道德。

关于爱,还需要说几句,它与同情的不同之处在于,爱不可避免地具有本质上的选择性。我已经谈过父母和子女之间的爱,现在我要谈的是平等的人之间的爱。

爱无法创造,只能被解放。有一种爱,部分源于恐惧,对父母的爱有这种成分,因为父母能提供保护。在童年时期,这种爱是自然的,但在以后的生活中,它们是不可取的,而且即使在童年时期,对其他孩子的爱也不属于这种类型。我的小女儿非常爱她的哥哥,尽管他是她的世界里唯一对她不友善的人。平等基础上的爱,是最好的爱,更可能产生于幸福和没有恐惧的环境中。无论是有意识的还是无意识的,恐惧都很容易产生仇恨,因为恐惧的人会将其他人视为对自己造成伤害的人。就现状而言,对大多数人来说,嫉妒是博爱的障碍。我认为嫉妒只能用幸福来预防,道德训练无法触及嫉妒的潜意识的形式。反过来,幸福在很大程度上也受到恐惧的阻碍。有机会获得幸福的年轻人被父母和"朋友"阻止,名义上是出于道德原因,但实际上是出于嫉妒。如果年轻人足够无畏,他们就会忽略那些呱呱的噪声;否则,他们就会被自己弄得痛苦不堪,加入嫉妒的道德家的行列。我们一直在讨论的品性教育是为了造就幸福和勇气，因此，我认为，品性教育所能做的就是解放爱的源泉，除此之外，不做其他。如果你告诉孩子们他们应该有爱心，你就冒着培养出言不由衷和虚伪的人的风险。但是，如果你令他们快乐和自由，如果你对他们充满善意，你会发现他们会自发地友善对待每个人，而几乎所有人也都会礼尚往来。真诚而有爱的性情自有其价值，因为它会产生不可抗拒的魅力，并引发它所期待的反应。这是正确的品性教育所能预期的最重要的结果之一。

第十二章　性教育

性这个话题总是充满迷信和禁忌，所以谈论它时我不免有些惴惴不安。我担心那些迄今为止接受了我提出的各种原则的读者，在把这些原则应用到这个领域时，可能会产生怀疑；他们可能欣然承认勇敢和自由对孩子有益，然而涉及性问题时意欲强加束缚和恐惧。我不能对我认为正确的原则加以如此的限制，我对待性的态度，就像对待构成人类品性的其他冲动一样。

性是特殊的，它有一个完全与禁忌无关的特点，那就是成熟得较晚。的确，正如精神分析学家所指出的那样（尽管相当夸张），这种本能在儿童时期并非没有。但它在童年时的表现不同于在成年生活中，力量也弱得多，而且从生理上来说，一个男孩不可能像成年人那样沉迷于此。青春期存在严重的情绪危机，这些危机与智力教育搅在一起，给教育者带来了难题。其中的许多问题我不想讨论，我想讨论的主要是青春期前应该做些什么。在这方面，教育改革最为必要，特别是在幼儿时期。虽然在许多细节上我不同意弗洛伊德学派的观点，但我认为他们做出了非常有价值的贡献，即指出了在与性有关的问题上，错误地对待幼儿会导致其日后生活中的精神紊乱。他们的工作在这方面已经产生了普遍有益的成果，但仍有大量的偏见有待克服。当然，由于把孩子在最初几年时主要交给完全没有受过教育的妇女照管，大大增加了这方面的困难，因为不可能指望她们知道，更谈不上让她们相信那些学者所说的话，特别是学者们为了避免被指控为淫秽，不得不长篇大论地表达看法。

按时间顺序排列我们的问题，首先摆在母亲和保姆面前的是手淫问题。有学术权威指出，手淫在两三岁的孩子中是普遍存在的，但通常稍晚就会自行停止。有时它会由于某种明确的身体刺激而变得更加明显，但这种刺激是可以避免的（医学上的细节不在我的讨论范畴）。但即使没有这种特殊刺激，它也常常会发生。人们已经习惯把手淫看得很恐怖，并使用可怕的威胁来阻止它。一般来说，尽管人们寄希望于威胁，但这些威胁通常不会奏效，结果是，孩子生活在不安的痛苦中，这种不安很快会与初始原因分离（受到压抑进入潜意识中），但仍然会引发噩梦、紧张、妄想和恐惧症。如听其自然，幼儿手淫显然对健康没有不良影响[1]，对性格也没有什么不良影响；在这

---

[1] 在极少见的情况下，它会造成轻微伤害，但这很容易治愈，并不比吮拇指的后果更严重。

第十二章 性教育

两方面所观察到的不良影响,似乎完全可以归因于试图阻止它的结果。即使手淫是有害的,发布一项不会被遵守的禁令也不明智;而且从此事的性质来看,也不太可能在你禁止之后孩子就会作罢。如果你听其自然,这种行为可能很快就会停止。但如果你干涉,就会大大降低它停止的可能性,并为可怕的精神紊乱埋下祸根。因此,尽管很困难,但在这方面还是不要进行干涉。我的意思并不是说你应该放弃禁止以外的其他有效的办法。让孩子足够困倦时再上床睡觉,这样他就不会长时间醒着躺在床上;在他床上放一些他喜欢的玩具,这样可以分散他的注意力。这样的方法是无可厚非的。但如果这些方法没用,也不要诉诸禁令,甚至不要让他注意到他沉迷于这种行为的事实。那么,它很可能会自行停止。

性好奇心通常从三岁开始,表现为对男女之间、成人与儿童之间的生理差异感兴趣。从本质上讲,这种好奇心在幼儿时期没有特殊之处,而只是一般好奇心的一部分。在按传统方式抚养长大的孩子身上发现的特殊品质,是由于成人把此事搞得神神秘秘。如果没有神秘性,好奇心一旦得到满足就会消失。从一开始,就应该允许孩子看到父母和兄弟姐妹裸体,只要这是自然发生的。无论如何都不应该大惊小怪,他根本就不应该知道人们对裸体有感觉(当然,以后他总会知道)。人们会发现,孩子很快就会注意到他父亲和母亲之间的不同,并将此与兄弟姐妹之间的差异联系起来。但是，一旦这个话题被探索到这种程度，它就像一个经常打开的橱柜一样变得无趣了。当然，在这段时间中，孩子可能提出的任何问题都必须予以回答，就像回答其他方面的问题一样。

回答相关问题是性教育的重要组成部分。有两条基本规则。第一，总是如实地回答问题；第二，像看待其他知识一样看待性知识。如果孩子问你一个关于太阳、月亮、云彩、汽车或蒸汽机的聪明问题，你会很高兴，并按他能听懂的程度尽可能详细地解答。这种问答是早期教育的重要组成部分。但如果他问你一个与性有关的问题，你就忍不住会说"嘘，住口"。即便你已经知道不应这样做，你仍然会简短而干巴巴地回答，也许你的态度会有一点尴尬。孩子会马上发现这种细微差别，而你就为淫秽心理奠定了基础。你必须同样充分而自然地回答，就好像这个问题和别的问题一样。即使是无意识的，也不要让自己觉得性是可怕和肮脏之物。否则，你的感觉就会传递给孩子。他不可避免地会认为，自己父母的关系有什么肮脏之处，后来他会得出结论，认为父母讨厌导致他出生的行为。童年时期的这种感受，会使本能的快乐情感几乎不可能产生，不仅在童年时，在成年以后也是如此。

如果在孩子的年龄大到可以提问时有了弟弟或妹妹，比如在三岁以后，可以告诉他婴儿是在母亲的身体里成长的，并告

第十二章 性教育

诉他,他也是这样成长的。让他看妈妈给弟弟妹妹喂奶,并告诉他,同样的事情也曾发生在他身上。所有这一切,就像其他一切与性有关的事情一样,必须以纯粹的科学态度而不是过于严肃正经的态度讲述。千万不要对孩子讲什么"母亲神秘而神圣的功能",整件事必须完全实事求是。

如果当孩子长大到可以提问的时候,仍没有新的家庭成员诞生,那么这个话题恐怕得由"那是在你出生前发生的事"等讲述来引出。我发现我儿子仍然很难理解曾经有一段时间他不存在;如果我和他谈论金字塔的建造或诸如此类的话题,他总是想知道他那时在做什么,当我告诉他他那时不存在时,他困惑不已。他迟早想知道"出生"是什么意思,那时我们就会告诉他。

父亲在生育中所起的作用不大可能在回答问题时自然地提出,除非孩子生活在农场里。但非常重要的是,孩子应该先从父母或老师那里了解这一知识,而不是从那些受到不良教育而变得下流的孩子那里知道。我清楚地记得我十二岁时从一个男孩那里得知此事,他说起整件事都带着一种粗俗感,好似一个下流笑话。这是我们这一代男孩的正常经历。自然而然地,绝大多数人终其一生都认为性是滑稽而下流的,其结果是他们无法尊重与他们发生过性关系的女性,即使她是他们孩子的母亲。尽管父亲们一定记得他们当初是如何获得性知识的,但父母们仍奉行一种听天由命的怯懦策略。我无法想象，人们怎么会认为这样做有助于理智或道德的健全。性欲必须从一开始就被视为自然、愉快和正当的，否则就会败坏男女关系和亲子关系。性在相亲相爱、也爱孩子的父母之间是最完美的。让孩子先从父母的关系中了解性，要比让他们从黄段子中获得第一印象好得多。尤其糟糕的是，他们发现父母的性行为是一个被隐瞒的罪恶秘密。

如果在性的问题上不太可能受到其他孩子的不良教唆，那么这件事就可以任由孩子的好奇心自然发挥作用，父母只负责回答问题，只要能让他们在青春期之前知道所需知识即可。这当然是绝对必要的。让一个男孩或女孩毫无准备地面对青春期的生理和情感变化，是一件残忍的事情，这可能会使孩子觉得自己感染上了某种可怕的疾病。此外，青春期之后所有关于性的话题都会富有刺激性，以至于孩子无法以科学的态度去倾听，而这在青春期之前则是完全可能的。因此，除了要杜绝粗俗下流的谈话外，孩子在进入青春期之前就应该知道性行为的本质。

至于在青春期前多久告知孩子相关知识，则取决于不同情形。一个求知欲强、智力活跃的孩子必须比一个迟钝的孩子更早得到教育。任何时候都不应该不满足他的好奇心。不管孩子多小，只要他发问，一定要有人回答他。父母的态度则应该

第十二章 性教育

是：他想知道什么就可以问什么。但如果他没有自发地提问，无论如何也要在十岁以前教他相关知识，免得别人用有害的方式先告诉他。因此，最好先通过向他讲授植物和动物的繁殖来激发他的好奇心。讲述时不应该一本正经，比如讲之前还得清清嗓子，然后来段郑重其事的开场白："我的孩子，现在我要告诉你一件事，是时候让你知道了。"整件事应该看起来普通而日常。这就是为什么最好采取回答问题的方式。

在如今的时代，我想必须平等对待男孩和女孩这一点已无须争论。在我年轻的时候，一个"教养良好"的女孩尚不了解结婚的本质就迈入婚姻是很常见的事，她们只能向丈夫学习什么是婚姻；不过近年来我并不常听到这样的事。我想现在大多数人都认识到，建立在无知基础上的美德是毫无价值的，女孩和男孩一样有获得知识的权利。如果还有人没有认识到这一点，他们就不大可能读这本书，因此也不值得与他们争论。

我不打算讨论狭义的性道德教育，这是一个各持己见、莫衷一是的问题。在此问题上，基督徒不同于伊斯兰教徒，天主教徒不同于容忍离婚的新教徒，自由思想家不同于中世纪主义者。父母们都希望他们的孩子接受他们自己所相信的特定类别的性道德教育，我也不希望政府干涉他们。但是，将争论不休的观点先抛到一边，很多问题是有共性的。

首先是卫生问题。年轻人在面临染上性病的危险之前一定要了解性病。在这方面应该如实教导他们，不要像有些人为了道德利益而夸大其词。他们应该学会如何避免，也应该学会如何治疗性病。只给予道德完美的人所需要的教导，而把发生在别人身上的不幸看作罪有应得，这是错误的。难道我们可以拒绝帮助一个在车祸中受伤的司机，因为粗心驾驶也是一种罪过？况且，惩罚还可能落在无辜的人身上：没有人认为生下来就患有梅毒的孩子是不道德的，正如没有人会说被粗心的司机从身上碾过的人是不道德的一样。

应该引导年轻人懂得，生孩子是一件非常严肃的事情，除非能确保孩子今后可以拥有健康和幸福，否则不应该生孩子。传统的观点是，在婚姻关系中，即使因太频繁生孩子而毁了母亲的健康，即使生下来的孩子不健全或心智失常，即使他们今后吃不饱饭，生孩子也总是合理的。现在只有无情的教条主义者才会坚持这种观点，他们认为凡是让人类不光彩的事情，都能增加上帝的荣耀。关心儿童的人，或者不以加害无助者为乐的人，都反对为这种残忍行为辩护的无情教条。关心儿童的权利和价值，及其包含的一切事项，应该是道德教育的一个重要组成部分。

应该教育女孩们期待有一天她们可能会成为母亲，她们应该掌握一些母婴方面可能有用的基本知识。当然，男孩和女孩都应该学习一些生理知识和卫生知识。应该让他们明白，若没

第十二章 性教育

有父母之爱，没有人能成为好父母，但即使有父母之爱，也仍需要大量的知识。抚养孩子时，缺乏知识的本能和缺乏本能的知识一样不足以胜任。对知识的必要性越理解，有知识的女性就越会被做母亲所吸引。目前，许多受过高等教育的女性对为人母不屑一顾，认为此事没有给她们提供发挥才智的空间，这何其不幸。因为若有做母亲的想法，她们有能力成为最好的母亲。

在进行两性教育时，还有一件事很重要。不应将嫉妒视为对权利的正当维护，而应将其视为嫉妒者的不幸和对被嫉妒对象的不公。当占有欲的因素侵入爱情，爱情就失去活力，吞噬个性；没有占有欲的话，爱情能完善个性，带来更热烈的生活。从前，父母宣扬爱是一种义务，破坏了他们与子女的关系；现如今，丈夫和妻子仍然经常因同样的错误而破坏彼此的关系。爱不能成为义务，因为它不受意志的支配。爱乃是上天赐予的礼物，是上天赐予的最好的东西。那些把爱关在笼子里的人，破坏了它只有在自由和自发的时候才能表现出来的美和喜悦。在这里，恐惧再次成为敌人。害怕失去使他生活幸福的东西的人，已经失去了幸福。在这一点上，与在其他事情上一样，无畏是智慧的本质。

第十三章 幼儿园

在前几章中,我已经概要说明了在培养那些能使幼儿在今后的人生中幸福和受益的习惯方面可以做些什么。但是,我还没有讨论这些习惯是应该由父母培养,还是应该在专门为此目的而设计的学校里培养。我认为,支持在幼儿园里培养是压倒性的——不仅对那些贫穷、无知和过度劳累人家的孩子是如此,对所有的孩子,或者至少对所有住在城镇里的孩子都是如此。我相信,玛格丽特·麦克米伦小姐[1]在德特福德开办的幼儿园里的孩子们所获得的教育,比目前任何富裕家庭的孩子所能得到的都要更优质。我希望看到同样的制度惠及所有的孩子,不论贫富。但在讨论任何实际的幼儿园之前,我们先看看建立这种机构的理由。

首先,幼儿时期在医学上和心理学上都具有不可估量的重

---

[1] 玛格丽特·麦克米伦(Margaret McMillan, 1860—1931),英国学前教育先驱,1911年在伦敦开办了第一个托儿所,其目的是改善穷人的育儿环境,后来被称为"世界上第一个综合性幼儿园",著有《通过想象力进行教育》等。——译注

第十三章 幼儿园

要性。这两个方面是紧密交织在一起的。例如：恐惧会使孩子呼吸困难，而呼吸困难会使孩子易患各种疾病。[1]这样的相互关系不计其数，因此，没有必要的医学知识，不可能成功培养孩子的良好品性；而没有必要的心理学知识，不可能成功培养孩子的良好体格。在这两个方向上，大部分知识都是崭新的，而且有许多是与悠久的传统背道而驰的。以纪律问题为例，与孩子产生争论时的重要原则是：不要妥协，但也不要惩罚。正常的父母有时会因不胜烦扰而妥协，有时会因为恼怒而惩罚。要想成功，正确的方法是将耐心与合理引导的能力结合起来。以上是一个心理学上的例子，而新鲜空气则是医学上的例子。只要给予关爱和恰当对待，孩子们就能从日夜不断的新鲜空气中获益，也不用穿太多衣服。但如果缺乏谨慎和智慧，孩子们就会面临因潮湿或骤凉而感冒的风险。

不能期望父母拥有育儿这门崭新又困难的技术所需要的全部技能或闲暇时间。对于没有受过教育的父母来说，这一点是显而易见的；他们不知道正确的方法，即使有人教他们，他们也仍然不信服。我住在海边的农业区，在这里很容易获得新鲜

---

[1] 关于这个问题，参见《幼儿园》(*The Nursery School*)，玛格丽特·麦克米伦著（登特，1919年），第197页及《营地学校》(*The Camp School*)，同一作者（乔治·艾伦和昂文有限公司）。

的食物，也没有极端的炎热或寒冷气候；我选择这里，很大程度上是因为这里对孩子的健康非常有益。然而，几乎所有农民、店主等家庭的孩子，都面无血色、无精打采，因为他们饱食终日却不能尽情玩耍。他们从不去海滩，因为湿了脚被认为对健康有害。即使在最炎热的夏天，他们在户外也穿着厚厚的羊毛外套。如果他们玩游戏很吵，大人们就会采取措施使之举止"文雅"。但他们却被允许熬夜，并可以吃各种不健康的成人食物。他们的父母无法理解为什么我的孩子没有因感冒和挨冻早早夭折，但任何客观的教训也不能让他们相信，自己的方法有可以改进之处。这些人既不贫穷，也不缺乏父母之爱，他们的顽固和愚昧可归咎于没有受过良好的教育。当然，对于那些贫穷又操劳过度的城市父母来说，这些缺点的危害要大得多。

但是，即使是那些受过高等教育、有责任心且不太忙碌的父母，孩子在家里也不能像在幼儿园那样，能学到那么多他们所需要的东西。首先，他们得不到其他同龄孩子的陪伴。如果是小家庭，犹如现在通常所存在的那种，孩子们容易受到长辈过多的关注，结果可能会变得神经质和早熟。其次，父母一般缺乏井井有条、稳妥无误管理大批孩子的经验。此外，只有富人才能提供最适合幼儿成长的空间和环境。这种空间和环境如果只能私下提供给某一家庭的孩子，会助长孩子的炫耀心理和

第十三章 幼儿园

优越感,这在道德上是非常有害的。基于所有这些理由,我认为,如果附近有合适的保育学校,即使是最称职的父母也应该将他们两岁以上的孩子送过去,至少让孩子在那里度过白天的一部分时间。

根据父母的经济状况,目前有两种学校。有专为家境富裕的孩子开设的富禄培尔学校和蒙台梭利学校,也有为数不多的专门为贫困家庭孩子开设的幼儿园。后者中,最著名的是麦克米伦小姐的学校,前面提到的那本书对此进行了介绍,每一个爱孩子的人都应该读读。我倾向于认为,现有的任何一所为富裕家庭的孩子开设的学校都不如她的学校好,部分原因是她的学生人数更多,部分原因是她不为中产阶级对教师的势利挑剔所困扰。她的目标是,如果可能的话,接收从一岁到七岁的孩子,尽管教育当局倾向于另一种意见,即儿童年满五岁就应该上普通的小学。孩子们早上八点来,晚上六点才走;一日三餐都在学校吃。他们尽可能多的在户外活动,即使室内仍能呼吸足够的新鲜空气。孩子入学之前,要接受医学检查,若查出疾病,尽可能在诊所或医院接受治疗。入校后,孩子们一直能保持健康,少有例外。校内有一个又大又美的花园,孩子们花很多时间在那里玩耍。教学基本上采取蒙台梭利教学法。午饭后,孩子们都午睡。尽管在晚上和星期天他们不得不住在一贫如洗的家里(也许是和烂醉如泥的父母住在地下室里),但他们的体格和智力却与最出色的中产阶级家庭的孩子不相上下。以下是麦克米伦小姐对她七岁学生们的描述：

> 他们几乎都是高大挺拔的孩子。事实上，他们即使不高，也都很端正，但通常都是身材高大、匀称的孩子，皮肤干净、眼睛明亮、头发丝滑。他们的体型比起中上阶层最优秀的富裕孩子的平均水平，还要略胜一筹。关于他们的体格就说到这里。精神上，他们机警，善于交际，渴望生活和新体验。他们能完美或近乎完美地阅读和拼写。书写流畅，表达自如。英语和法语都很流利。他们不仅能自助，而且多年来一直在帮助年幼的孩子。他们会计算、测量和设计，并为学习科学做了一些准备。他们入校的头几年是在充满爱、平静和愉快的氛围中度过的，而最后两年则充满了有趣的体验和尝试。他们了解花园，会种植、浇水，会照顾植物，也会照顾动物。这些七岁的孩子还会跳舞、唱歌和做许多游戏。成千上万这样的孩子很快就会迈入小学的大门。我们该如何对待他们呢？我想指出的是，首先，小学教师的工作将会被这些蓬勃的来自底层的干净而强壮的年轻生命所改变。幼儿园要么将变得毫无价值，也就是成为一种新的失败，要么将很快影响到小学甚至中学。它将提供一种新型

第十三章 幼儿园

的等待接受教育的儿童,而这迟早会对所有的学校产生影响,而且会对我们的整个社会生活,对为了民众而构建的政府和法律的类型,以及我们国家与其他国家的关系产生影响。

我并不认为这些说法是夸大其词。幼儿园如果普及,可以在一代人的时间内消除目前划分阶级的教育上的深刻差异,可以使所有的人都享受到眼下只有最幸运者才能享有的身心发展,可以消除使进步变得如此困难的疾病、愚昧和恶意所造成的沉重负担。根据《1918年教育法》,幼儿园应由政府拨款资助;但当"格迪斯大斧"[1]出台后,政府认定更重要的是建造巡洋舰和新加坡码头,以利于对日战争。目前,政府每年花费65万英镑,诱导人们食用从英联邦自治领进口的含防腐剂的培根和黄油,而不是食用来自丹麦的纯黄油。为了达到这个目的,我们的孩子得遭受疾病、穷困和智力的摧残,而如果每年花同样的钱在幼儿园,则可以拯救一大批孩子。现在,母亲们有了投票权,她们会不会有朝一日学会使用这一权利,为自己的孩子谋福利?

---

[1] 1921年,埃里克·格迪斯爵士(Sir Eric Geddes)提出全面削减公共开支。——译注

除了这些泛泛的讨论，必须认识到的是，正确照料幼儿是一项高技能的工作，不能指望父母们做得令人满意，而且，这与以后在学校中的教学也大不相同。再次引用麦克米伦小姐的话：

> 幼儿园里的孩子体格相当好。不仅贫民窟的邻居家的孩子远不如他，在富人区的"上等邻居"即非常优秀的中产阶级的孩子，也不如他。很明显，除了父母之爱和"父母的责任"之外，儿童还需要更多的东西。仅凭经验的做法已经不可行。没有知识的"父母之爱"已经失败。但儿童教育还未失败。这是一项技术含量很高的工作。

至于经费方面：

> 现今，一所有100个儿童的幼儿园每年的人均费用是12英镑，就此金额来说，即使是最贫困地区的父母也有能力支付三分之一。由学生担任职员的幼儿园花费更多一些，但增加的成本的大部分将用来支付这些未来教师的报酬和生活费。一个总共约有100名儿童和30名学生的露天幼儿园和培训中心，每年所需费用也就2200英镑。

第十三章 幼儿园

再引用一段：

> 幼儿园的一大成果是，能让孩子们更快地完成现有的课程。因此，等他们在目前的小学度过一半或三分之二时间时，他们就准备好继续进行高等课程了……简而言之，幼儿园如果是一个真正的培养孩子的场所，而不仅仅是一个让幼儿在五岁之前得到"照看"的地方，它将非常有力、极其迅速地影响我们的整个教育体系。它将从小学开始，迅速提高各级学校的文化水平和素养。它将证明，我们所生活在其中的这个充满疾病和苦难的混乱世界，这个令教师的作用比起医生相形失色的世界，是可以被改变的。它将使厚重的围墙、森严的大门、坚硬的操场、没有阳光的大教室，看起来就像怪物一样——它们确实如此。这将给老师们提供机遇。

幼儿园介于早期品性培养和随后的学校教育之间。在幼儿园中同时进行着品性和教育两方面的训练，相辅相成，而随着孩子年龄的增长，教育的比重将逐渐增加。蒙台梭利女士正是在具有类似功能的机构中完善了她的方法。在罗马的一些大型公寓里，有一个大房间专为三岁至七岁的孩子们准备，蒙台梭利女士负责管理这些"儿童之家"。[1]和德特福德一样，这些孩子来自最贫困的家庭；也正像在德特福德一样，其结果表明，早期照料可以克服糟糕的家庭环境对孩子身心的不利影响。

值得注意的是，自塞甘[2]时代以来，幼儿教育方法的进步来自对弱智、低能儿的研究，他们在某些方面仍是心智上的婴儿。我相信，之所以必须采取迂回的方法，是因为人们并不认为精神病人智力方面的缺陷是应该受到谴责的，也不认为他们可以通过惩罚来治愈。没有人认为阿诺德博士的鞭打法能治好他们的"懒惰"。因此，对待他们应当依据科学的方法而不是愤怒行事。如果他们不明白某事，也不会有教师大发雷霆，冲他们发火，并告诉他们应该为自己感到羞耻。如果人们能以科学的而非道德说教的态度对待孩子，他们早就可以发现如今所知的教育儿童的方法，而不必首先研究智力缺陷的人。"道德责任"的概念对许多恶行负有"责任"。想象一下，有两个孩子，其中一个有幸上了幼儿园，而另一个则过着艰苦的贫民窟生活。如果第二个孩子长大后不如第一个孩子令人称道，那么

---

[1] 参见蒙台梭利著《蒙台梭利方法》(海涅曼，1912)，第42页。
[2] 塞甘（Edouard Seguin 1812—1880），法国精神科医生、心智障碍研究的先驱、智力落后教育奠基人之一。——译注

第十三章 幼儿园

他是否有"道德责任"?他的父母对因无知和疏忽大意而没能教育他负有"道德责任"吗?富家子弟在公学里被教育成自私自利、不明是非之人,以致他们宁愿享受自己穷奢极侈的生活,也不愿为创造一个幸福的社会尽力,他们该负"道德责任"吗?所有这些人都是环境的牺牲品,他们在幼年时性格被扭曲,上学时智力发展被阻碍。选择将他们视为"该负道德责任"的人,并因为他们缺少原可具有的幸运而谴责他们,毫无益处。

在教育和其他人类事务中,只有一条通往进步的道路,那就是用爱引导的科学。没有科学,爱是虚弱无力的;没有爱,科学是破坏性的。为改善儿童教育所做的一切,都是由那些爱孩子的人所做,都是由深知科学在这个问题上能够起巨大作用的人所做。这是我们从女性高等教育中获得的好处之一:在过去,科学和对孩子的爱是不太可能共存的。科学赋予我们的塑造年轻人心灵的力量是一种非常可怕的力量,滥用这种力量可能会造成致命的后果;如果它落入错误之手,会创造出一个比杂乱无章的自然界更加无情和残酷的世界。在传授宗教、爱国、勇敢无畏,或某某主义的旗号下,孩子们可能会被教育成偏执、好战且残暴之人。教育必须以爱为启迪,必须以培养孩子们的爱为目的,否则,科学技术越进步,教育越有害。对儿童的爱,已经作为一种有效的力量存在于社会中,婴儿死亡率的降低和教育水平的提高都表明了这一点。但这一力量还远不够强大，否则我们的政治家就不敢牺牲无数儿童的生命和幸福来实施他们邪恶的流血和压迫计划。不过，它确实存在，而且还在不断增强。然而，奇怪的是，其他形式的爱却如此缺乏。正是那些对孩子关爱有加的人，却也热切地期望这些孩子在日后群体性疯狂般的战争中丧生。希望爱可以从孩子逐渐延伸到他长大后的成人身上，这是奢求吗？爱子心切的父母们是否也能学会在孩子长大后继续给予他父母的关心和牵挂呢？我们给了孩子强健的体魄和蓬勃的头脑，是否应该让他们用他们的力量和活力创造一个更美好的世界？或者，当他们开始着手创造时，我们会不会在恐惧中退缩，让他们重新接受束缚和训练？科学已经为任何一种选择做好了准备；选择就在爱与恨之间，不过，恨总是被掩盖在职业道德家所膜拜的一切冠冕堂皇的华丽辞藻之下。

第三部分

智力教育

Intellectual Education

第十四章 一般原则

迄今为止，品性的培养一直是我们讨论的主题，这主要应该是婴幼儿时期的事。如果引导得当，到六岁时基本完成。我并不是说过了这个年龄，品性就不会变坏了；不良的境遇或环境在任何年龄都会造成伤害。我的意思是，在六岁以后，一个受到正确早期训练的孩子应该具备一些习惯和愿望，如果对环境稍加注意，这些习惯和愿望就会引导他们走上正途。如果学校里的孩子们六岁前都受到了正确的教育，只要学校稍具良好的意识，就能建立一个良好的环境；没有必要在道德问题上花太多时间和精力，因为孩子所需的进一步的美德应该从纯粹的智力训练中自然地产生。我并不想学究式地断言这是绝对准则，但可以作为指导学校处理应该重视的事项的原则。我相信，如果六岁以前孩子都得到了适当的照料，学校最好把重点放在纯粹智力的发展上，并借此推进优良品性的进一步发展。

让教学受到道德考虑的影响，无论对智力还是最终对品性来说，都不是一件好事。不应该认为有些知识是有害的，有些无知是有益的。传授的知识应该是出于智力上的目的，而不是

第十四章 一般原则

为了证明某种道德或政治结论。从学生的角度来看，教学的目的部分应该是满足他的好奇心，部分应该是教给他必要的技能，以便他能够独立使好奇心得到满足。从教师的角度来看，教学的目的必须是激发学生能产生丰富成果的好奇心。但是，即使学生的好奇心完全在学校的课程范围之外，也不要打压和阻碍。我的意思不是说课程应该受干扰，而是说这种好奇心是值得称赞的，还应该告诉孩子们如何在学校之外满足好奇心，例如通过阅读图书馆的书籍。

说到这里，我将面对一连串在一开始就无法回避的质问。如果一个男孩的好奇心是病态的或反常的呢？如果他对淫秽事物感兴趣，或者对关于折磨的描述感兴趣呢？如果他只对窥探别人的行为感兴趣呢？这种形式的好奇心值得鼓励吗？在回答这些问题时，我们必须加以区分。最重要的是，我们的应对方法不能任由孩子的好奇心继续局限于这些方面。但这并不意味着我们要让他觉得自己因为想知道这些事情而"很坏"，也不意味着我们要想尽办法让他远离这些知识。这种知识的全部吸引力几乎总是在于它是被禁止的；在若干案例中，也与某种需要治疗的病态精神状况有关。但在任何情况下，禁止和道德恐吓绝不是正确的处理方法。作为最常见、最重要的例子，让我们来谈谈对淫秽事物的好奇心。我不相信在一个对待性知识就像对待其他任何知识一样的孩子身上会发生此类事情。一个拥有不雅图片的男孩，会为自己有能力弄来这样的图片而沾沾自喜，也会为自己比没他有胆量的同伴们知道得多而自豪。如果他被坦率而得体地告知关于性的一切知识，他就不会对这些图片感兴趣了。倘若之后，一个男孩仍对此乐此不疲，我就会请在这方面很有经验的医生为他治疗。治疗开始时应该鼓励他畅所欲言，即便是最令人震惊的想法；然后不断向他提供丰富的知识，逐渐增加技术性和科学性，直到整件事情使他厌倦。当他觉得没有更多可知道的了，而他所知道的又枯燥无味时，他就会被治愈。关键是，知识本身并无害，有害的是对某一特殊话题沉溺的习惯。要想纠正这种沉溺，不能一开始就粗暴地分散注意力，而要靠充分地谈论这个话题。通过这种方式，兴趣可以变成科学的而不是病态的；当这一点实现后，它就会在其他兴趣中占据合理的地位，不再是一种痴迷。我相信，这是对付狭隘而病态的好奇心的正确方法。禁令和道德恐吓只会让情况变得更糟。

虽然品性的完善不应成为教育的目的，但有些品质是非常可取的，而且对于成功地获取知识必不可少，这些品质可以被称为智力上的美德。这些美德应是智育的产物，但它们应是学习所需，而不是为了美德而追求的美德。在我看来，这些品质中最主要的是：好奇心、开放的心态、相信知识虽难获取但却可得、耐心、勤奋、专注以及精确。

第十四章 一般原则

在这些品质中,好奇心是最基本的;只要好奇心强大,并指向正确的对象,其他一切都会随之而来。但是,好奇心也许还没有活跃到足以成为整个智力生活的基础。应该始终有"做困难的事情"的愿望;所获得的知识应该在学生的头脑中表现为技能,就像游戏或体操中的技能一样。我想,这种技能的一部分难免只是完成学校课业所需要的;但是,只要让学生觉得它们对完成更有吸引力的课外目标也是必要的,那么就已经达成了重要目标。知识与生活的脱节令人遗憾,尽管在上学期间这是不可避免的。在这难以避免的脱节之处,应该不时谈论有关知识的效用——最广泛意义上的"效用"。尽管如此,我还是建议给纯粹的好奇心留下广阔的空间,没有好奇心,许多最有价值的知识(例如,理论数学)就永远不会被发现。在我看来,许多知识本身就有价值,而与它们可能发挥的作用完全无关。我不希望年轻人过分仔细地探究所有知识在未来可能的作用;非功利的好奇心是年轻人的天性,也是一种非常宝贵的品质。只有缺乏这种好奇心时,我才会提议他们追求在实践中可以展示的技能。两种动机各有用武之地,但不应相互排挤。

开放的心态是一种品质,在真诚求知的人身上永远存在。只有被其他欲望扰乱并觉得自己已真理在握的人,才会失去这种品质。这就是它在年轻时比在年长后更常见的原因。一个人的活动几乎必然与某个智力上的难题的判断密切联系。牧师不可能对神学不感兴趣，士兵也不可能对战争不感兴趣。律师必定认为罪犯应该受到惩罚——除非他们付得起顶尖律师的费用。教师会偏爱与他所受的训练和经验相适应的特定教育制度。政治家很难不相信最有可能给他官职的政党的信条。一个人一旦选择了自己的职业，就不能指望他再不停地考虑是否有其他更好的选择。因此，在成年后的生活中，开放的心态会受到限制，尽管这种限制应该越少越好。但在青年时期，威廉·詹姆斯[1]所说的"被迫选择"要少得多，因此运用"信仰的意志"的机会也就少得多。应该鼓励年轻人把每一个问题都看作是开放的，并且能够在争论有结果之后抛弃任何之前的观点。这种思想自由意味着行动上不应有完全的自由。一个男孩不应该在某个加勒比海冒险故事的影响下，"自由"地跑到海上去。但只要他继续接受教育，他就可以自由地认为，做海盗比做教授要好。

专注力是一种非常宝贵的品质，除非通过教育，否则很少有人能获得这种品质。诚然，随着孩子年龄的增长，这种能力会自然增强，达到相当程度的专注；幼儿对任何一件事的思考都超不过几分钟，他们的注意力会一年一年变得越来越稳定，

---

[1] 威廉·詹姆斯（William James，1842—1910），美国心理学之父，美国机能主义心理学和实用主义哲学的先驱。——译注

第十四章 一般原则

直到长大成人。然而，如果没有长期的智力教育，他们很难获得足够的专注力。完美的专注力有三个特点：强烈的、持久的、自愿的。阿基米德的故事说明了其强烈，据说他完全没有注意到罗马人占领叙拉古城并来杀他，因为他正全神贯注于一个数学问题。能够长时间专注于同一件事，对于取得来之不易的成就，甚至对于理解任何复杂或深奥的问题，都是必不可少的。对某个事物深刻而自发的兴趣会自然而然地带来专注力。大多数人可以长时间地专注于一个机械谜题，但这种专注本身并没有多大用处。要想真正有价值，专注力也必须受意志的支配。我这样说的意思是，即使某些知识本身并不令人感兴趣，只要有充分的动机，一个人也可以强迫自己去获取它。我认为高等教育带来的最重要的作用就是用意志来控制注意力。在这一方面，老式的教育是值得赞赏的；我怀疑现代方法能否成功地教会一个人去自愿忍受枯燥乏味之事。然而，如果这种缺陷在现代教育实践中确实存在，也绝不是不可弥补的。这个问题我稍后再谈。

耐心和勤奋应该是良好教育的结果。以前人们认为，在大多数情况下，只有通过外部权威强制形成好习惯后才能获得耐心和勤奋。这种方法无疑取得了一些成功，正如驯服一匹马时可以看到的那样。但我认为最好的方法是激发克服困难所需的雄心壮志，这可以通过给困难分级来实现，这样一来，在初始阶段可以相当容易地获得成功的喜悦。这使人体会到坚持不懈的好处，从而逐渐地增加所需的毅力。以上观察也完全适用于"知识虽难获取但却可得"这种信念，获得这一信念最好是通过引导学生解决一系列仔细分级的问题。

精确，就像对注意力的自主控制一样，是教育改革者很少重视的问题。巴拉德博士（前引书，第十六章）明确指出，我们的小学虽然在大多数方面都有了很大的进步，但在这方面却不如从前了。他说："在上世纪80年代和90年代初的年度考试中，小学生有大量的测试，这些测试结果用于发放补助金。如果今天给同样年龄的孩子安排同样的测试，结果肯定明显不如以前。不管我们怎么解释，这个事实不容置疑。从整体上看，我们的学校，至少是小学所做的工作，没有四分之一世纪以前那么精确。"巴拉德博士对这个问题的讨论非常精辟，我没有什么要补充的。不过，我还是要引用他的结语："在各种演绎之后，它（精确性）仍然是一个崇高而鼓舞人心的理想。它是智力所遵循的道德，它指明了在追求自身正当的理想时应该力争的方向。因为我们思想、言语和行为的精确程度是衡量我们对真理忠诚的大体标准。"

提倡现代教育方法的人感到困难的是，迄今为止所教导的精确性会使人感到枯燥厌烦，如果能让教育变得有趣，那将是巨大的进步。然而，在这里，我们必须加以区分。仅仅由

第十四章　一般原则

老师强加的枯燥是完全不值得提倡的，但学生为了实现某些追求而自愿忍受的枯燥，如果不过度，是有价值的。教育的一部分应该是激发学生追求不易实现的愿望——学微积分，读荷马史诗，拉小提琴，等等。每一种愿望都有其自身的精确性。有能力的孩子愿意经历无尽的单调乏味，心甘情愿地接受严格的训练，以获得一些梦寐以求的知识或技能。那些天生能力较差的人，如果受到鼓舞人心的教育，往往也会激发出类似的进取心。教育的驱动力应该是学生学习的愿望，而不是老师的权威；但这并不意味着教育在每一个阶段都应该是软绵绵、轻松又愉快的。这一点尤其适用于精确性的问题。获得精确的知识往往是令人厌烦的，但它是卓越的必要条件，这一事实可以通过适当的方法让孩子明白。就现代方法在这方面的失败而言，它们是有缺陷的。在这个问题上，正如在许多其他问题上一样，对旧的不良训练形式的抵制导致了过度松懈，它必须让位于一种新的训练形式，它比旧的外部权威更具注重内在和心理的因素。在这种新的训练形式中，精确性就是智力的表现。

精确有很多种，每一种都有其重要性。以主要的几种为例，有肌肉的精确，审美的精确，事实的精确和逻辑的精确。每个孩子都能体会到肌肉的精确在各个方面的重要性，它是控制身体所必需的，一个健康的孩子为此耗费了一切闲暇时间，之后决定孩子在同伴中声望的游戏也需要肌肉的精确。但精确性还有其他与学校教学更相关的形式,如流利地说话、良好地写作和正确地演奏乐器等。一个孩子会根据他所处的环境来判定这些事情重要不重要。审美的精确很难定义,它与产生情感的合理刺激的适当性有关。培养审美精确的一种重要方式是让孩子们背诵诗歌,例如,为了表演而背诵莎士比亚的剧本。当他们出错时,要让他们感觉到为什么原作的语言更好。我相信,在审美感知普遍存在的地方,教会孩子们传统的表演套路,比如舞蹈和歌曲,孩子们会乐在其中,但这些表演必须完全按照传统形式来进行。这使他们会注意到细微的差别,这对精确性至关重要。在我看来,表演、唱歌和跳舞都不失为培养审美精确的最佳方法。绘画就不那么好,因为它很可能是根据与模型(绘画对象)的相似程度来判断好坏,而不是由审美标准来判断的。诚然,人们期待的模式化的表演也是再现一种模型,但那是根据审美动机创造的模型;我们模仿它是因为它本身是好的,而不是因为模仿是好的。

单纯追求事实的精确无聊至极。学习英国历代君王的年代,或者各郡及其首府的名字,曾经是童年噩梦之一。倒不如通过兴趣和重复来保证事实的精确。我永远记不住岬角的名字,但在八岁的时候,我知道几乎所有的地铁车站。如果给孩子们看一部描绘环海航行的影片,他们很快就会记得这些岬角。我认为岬角什么的不值得记住,但假如值得,那就是教授

第十四章 一般原则

的方法。所有的地理知识都应该在电影院里教授；历史教育的起步阶段也应该如此。最初的开支会很大，但对政府来说可以承受，而且后续教学上的便利性也会带来节约。

逻辑的精确是较晚习得的，不应该强加给年幼的孩子。背乘法表当然属于事实的精确，它只是在更晚的阶段才变成逻辑的精确。数学是这种教学的天然载体，但如果让它作为一套武断的规则，它就起不到应有的作用。规则必须掌握，但在某个阶段必须弄清楚规则产生的原因，若非如此，数学就没有什么教育价值可言。

现在我要讨论一个谈到精确性时已经提到的问题，即让所有的教学变得有趣一事在多大程度上是可能或可取的。旧的观念认为，大部分的教学一定是枯燥乏味的，唯有严厉的权威才能令普通男孩坚持不懈（普通女孩则保持无知就行）。现代教育观念则认为，教学完全可以是充满快乐的。与旧观念相比，我更赞同现代观念，然而，我认为它有一些局限性，特别是在高等教育方面。我将从我认为的现代观念中正确的部分开始讨论。

研究幼儿心理学的现代学者都强调不催促幼儿吃饭或睡觉的重要性。这些事情应该由孩子自发地完成，而不是哄骗或强迫的结果。我自己的经验完全证实了这一教育方法。起初，我们不知道新的教育方法，因此尝试了旧方法。旧方法完全失败，而现代方法却非常成功。然而，绝不能认为现代父母在孩子的饮食和睡眠方面不用做任何事；相反，他们应尽一切可能促进孩子良好习惯的形成。按时开饭，不管吃不吃，孩子都必须坐在餐桌旁，不能玩游戏。按时睡觉，到时间孩子必须躺在床上。他可以抱着一个动物玩具睡觉，但不能是一个会吱吱叫、奔跑或令人兴奋的玩具。如果这个动物玩具是孩子的心爱之物，他可以玩这样的游戏：这个动物累了，孩子必须让它睡觉。然后让孩子一个人待着，他通常很快就会睡着。千万不要让孩子觉得他睡觉或者吃饭的事让你很焦虑，这会立刻让他觉得你是在请求他帮忙，这给了他一种权力感，导致越来越需要哄劝或惩罚。他应该是自己想要吃饭睡觉，而不是为了讨你欢心。

这种心理显然在很大程度上也适用于教学。如果你硬要教孩子些什么，他会断定他是被要求做一些不愉快的事情来取悦你，会产生心理上的抵触。如果这种抵触一开始就存在，它就会自我延续下去；到了更大的年龄，他虽可能有明显的愿望想通过考试，也会为此而努力，但并不是纯粹出于对知识的兴趣。相反，如果你能先激发孩子的求知欲，然后，把他想要的知识作为一种恩惠给他，整个情况就不一样了，所需的外部约束要大大减少，让孩子保持注意力也毫不困难。这种方法要取得成功，需要一些条件，蒙台梭利女士成功地在非常年幼的

第十四章 一般原则

孩子中创造了这些条件。给孩子的任务必须具有吸引力,而且不能太难。首先,必须有其他处于稍微高级阶段的孩子作为榜样。此时,不能有其他明显更有趣的任务可供孩子选择。孩子可以做的事情很多,他可以选择自己喜欢的动手。几乎所有的孩子在这种环境下都非常快乐,五岁之前就能毫无压力地学会阅读和写字。

类似的方法能在多大程度上适用于年龄较大的孩子,尚有争议。随着孩子年龄的增长,他们会对更间接的动机做出反应,不再需要每一个细节本身都充满乐趣。但我认为,教育的动力应该来自学生这一普遍原则,适用于任何年龄。环境应有助于激发这种动力,让孩子在无聊和孤独及学习之间做出选择。但是,在任何情况下孩子都应该被允许选择无聊和孤独。独自学习的原则可以延续,尽管在最初的几年之后,一定量的课堂学习似乎是必不可少的。但是,如果需要外部权威来诱导孩子学习,除非孩子有病,否则很可能是老师有问题,或者是以前的道德教育很糟糕。如果一个孩子在五六岁之前受到过适当的训练,任何一个称职的老师都能够在以后的阶段引起他对学习的兴趣。

如果能做到这一点,益处极多。老师将成为学生的朋友,而不是敌人。与老师同心协力,学生会学得更快;且不那么累,因为不必不断地把不情愿和无聊的注意力拉回学习上。他的个人主动性不仅没有被削弱，反而得到了培养。鉴于这些好处，我们似乎有理由认为，学生不需要教师的强制，就能被自己的愿望驱使去学习。如果在个别情况下，这些方法失效了，这些情况可以单独拿出来，用不同的方法来指导。但我相信，采用适合孩子智力的方法，失败的情况就会非常少。

由于前面讨论精确性时所提到的原因，我不相信真正全面的教育能够变得完全有趣。无论一个人多么希望了解一门学科的知识，他一定会发现它的某些部分是枯燥的。但我相信，在适当的指导下，孩子可以感受到学习枯燥部分的重要性，并且无须强迫就能学完。我建议用表扬和责备来激励孩子，并根据完成既定任务的表现好坏加以应用。学生是否具备必要的技能，应该像在游戏或体操中一样明显。老师应该讲清楚一门学科中枯燥部分的重要性。如果所有这些方法都不奏效，则只能将这个孩子归为愚钝的一类，并与智力正常的孩子分开教学，但必须注意不要让这种做法表现为一种惩罚。

除极少数情况下，即使在幼儿时期（比如四岁以后），也不应该由父母中的一方来担任教师。教学是一项需要特殊技能的工作，这种技能是可以学习的，但大多数父母没有机会学习。学生的年龄越小，对教学技巧的要求就越高。除此之外，在正式教育开始之前，父母一直与孩子保持着不断的接触，所以孩子对父母形成了一套习惯和期望，而这些习惯和期望对老

第十四章 一般原则

师来说不太合适。而且,家长很可能会急于求成,并过度关心自己孩子的进步,孩子若是聪明他就喜笑颜开,孩子要是愚钝他就大发雷霆。不教自己孩子的理由,和医生不给自己家人看病的理由是一样的。当然,我的意思并不是说父母不应该给予自然而然的教育;我只是说,一般来说,他们不是教授学校正规课程的最佳人选,即使他们完全胜任教别人的孩子。

在整个教育过程中,自始至终都应该让孩子有一种智力方面的冒险奇遇之感。世界上充满了令人费解的事情,只要付出足够的努力就能理解。理解了曾经令人困惑的事物是振奋和愉快的,每一个好老师都应该能够让学生产生这种感觉。我记得蒙台梭利女士描述她的学生们学会写字时的喜悦;也记得当我第一次读到牛顿从万有引力定律推导出开普勒第二定律时,那种近乎陶醉的感觉。如此纯粹而有益的快乐并不多。主动及独立学习给学生提供了发现的机会,从而使他们更经常、更强烈地体验到智力冒险的感觉,而这一切在课堂教学中是不可能实现的。只要有可能,就让学生主动求知而不是被动学习。这是使教育成为一种快乐而不是一种折磨的秘诀之一。

第十五章　十四岁前的学校课程

十四岁前的学校课程应该教什么？如何教？这两者是密切相关的，因为，如果设计出更好的教学方法，学生就有可能学到更多。特别是当学生愿意学习而不是讨厌学习时更是如此。关于教学方法，我已经谈了一些，后面一章中我将进一步谈及。目前，我假设我们已经采用了最好的教学方法，只考虑应该教什么的问题。

当我们考虑一个成年人应该知道什么时，很快就会意识到，有些事情是每个人都应该知道的，还有一些事情是部分人必须知道而其他人不必知道的。有些人必须懂医学，但对大多数人来说，具备基本的生理学和卫生学知识就足够了。有些人必须懂高等数学，但对那些讨厌数学的人来说，了解基本原理已经足够了。有些人需要掌握如何演奏长号，但幸好没有必要让每个学生都练习这种乐器。总的来说，十四岁以前在学校里教的东西应该是每个人都知道的那部分知识；除特殊情况外，专业化的学习应在以后进行。不过，在十四岁以前，教育的目标之一应该是发现孩子的特殊才能，这样，他们就可以在

第十五章 十四岁前的学校课程

以后的岁月里认真发展这一特殊才能。出于这个原因，每个人都应该学习各学科的基础知识，那些不擅长的学科则不必再深入学习。

在确定了每个成年人应该具备的知识之后，我们必须确定各学科课程的教学顺序；在此，我们自然应以相对难度为指导，先教最容易的科目。这两个原则在很大程度上决定了小学的课程。

我假定孩子在五岁的时候就会读和写了。这是蒙台梭利学校或者今后可能在此基础上加以改进的学校应该做的工作。在那里，孩子们也具有了一定程度的感官知觉的精确性，学会了绘画、唱歌和跳舞的基本技能，有了在一群孩子中间集中精力从事某种学习活动的能力。当然，五岁的孩子在这些方面还不是很完美，在未来的几年里，他还需要在所有这些方面进一步学习。我认为在七岁以前不应该做任何涉及复杂脑力劳动的事情，但是只要有足够的技巧，可以大大减少困难。算术是童年时的棘手难题——我记得我曾因不会乘法表而痛哭流涕，但如果利用蒙台梭利教具等，循序渐进、仔细认真地教，孩子就不会因其困难而灰心丧气。不过，如果要获得足够的算术能力，最终必须掌握大量相当令人厌烦的规则。让课程变得有趣，可谓学校早期课程中最棘手的问题。然而，出于实际原因，某种程度的熟练是必要的。此外，算术自然而然地引入了精确性的概念：一道加法题的答案要么是对的，要么是错的，绝不会是"有趣的"或"启发性的"。这使得算术成为早期教育的一个重要部分，不管它有无实际用途。但应该对算术的难点仔细分级，由浅入深逐个学习，不应连续投入过多的时间。

在我小的时候，地理和历史是所有科目中教得最差的两门。我害怕上地理课，如果说我还能忍受历史课，那只是因为我一直对历史很感兴趣。其实这两门课都可以教得让小孩子着迷。我儿子虽然从未上过地理课，但他知道的地理知识已经比他的保姆多得多了。他和所有的男孩一样，喜欢火车和轮船，这是他获得这些知识的原因。他想知道他想象中的轮船将要进行的旅程，当我告诉他去中国的旅程的各段行程时，他会全神贯注地听。如果他愿意的话，我会给他看沿途各国的图片。有时他坚持要拿出大地图集，在地图上看这段旅程。他每年两次乘坐火车往返伦敦和康沃尔，他对这段旅程兴趣浓厚，火车停靠或卸下车厢的所有车站他都了如指掌。他对北极和南极着迷，又为没有东极和西极而感到困惑。他知道法国、西班牙和美国在大洋的哪个方向，对在这些国家能看到什么也非常了解。这些知识都不是通过教导得来的，而是由于强烈的好奇心。一旦把地理和旅行的想法联系在一起，几乎每个孩子都会对地理产生兴趣。我建议教授地理应该部分通过旅行者的图片和故事进行，但主要应通过影片展示旅行者在旅途中的所见所闻来教

第十五章 十四岁前的学校课程

授。地理事实的知识是有用的,但没有内在的智力价值;然而,当地理被图片生动地描绘出来时,它就具有培养想象力的优点了。知道世界上有炎热的国家和寒冷的国家,有平原国家和多山国家,有黑人、黄种人、棕色人种、红色人种以及白人,这是有益的。这类知识减少了熟悉的环境对想象力的压制,使人能在以后的生活中感到遥远的国家确实存在,这种感觉本来必须得通过旅行才能产生。基于这些理由,我建议在幼儿的教学中将地理作为重要部分,如果他们不喜欢这门学科,我才会感到惊讶呢。之后,我会给他们包括图片、地图和世界各地基本信息的书籍,并让他们写一些关于各国特色的小短文。

适用于地理的教学方法,甚至更适用于历史。不过孩子应该在稍大一点的年龄再学习历史,因为最开始他们的时间意识还不成熟。我认为,从五岁左右开始学习历史是有益的,一开始可以从一些辅以丰富插图的名人趣事开始。在那个年龄,我自己就有一本英国历史图画书。玛蒂尔达皇后[1]在阿宾顿横渡结冰的泰晤士河的故事给我留下了极为深刻的印象,以至于当我十八岁那年渡过泰晤士河时,仍然兴奋至极,完全能想象到斯

---

[1] 玛蒂尔达皇后是英国国王亨利一世的女儿,她与斯蒂芬国王为争夺王位开战。1142年斯蒂芬国王的部队围攻牛津城堡,玛蒂尔达皇后被迫从结冰的泰晤士河上逃离。——译注

蒂芬国王在我身后穷追不舍的样子。我相信，几乎没有一个五岁的男孩不对亚历山大大帝的生平感兴趣。哥伦布的故事也许更多属于地理范畴而不是历史范畴，但我可以证明，两岁的孩子就会对他感兴趣，至少对了解海洋的孩子来说是这样。到孩子六岁时，他应该可以开始学习世界历史概要，大致可按照威尔斯先生[1]的思路来教，加以必要的简化，并辅以图片，如果可能的话，还可以运用影片。如果孩子住在伦敦，可以带他去自然历史博物馆里看珍禽异兽；但是在他十岁之前，我不会带他去大英博物馆。在教授历史的时候必须注意，在孩子成熟到可以理解之前，不要把我们感兴趣的方面强加给他们。孩子一开始就感兴趣的有两个方面：一是从地质时期到历史时期，及从野蛮人到文明人等的总体历史场景和进程；二是富有同情心的英雄的戏剧性故事。但我认为，我们应该牢记这一指导思想，即进步是缓慢而曲折的，会不断受到我们从动物那里遗传到的野蛮性的阻碍，但通过知识，它逐渐引导我们掌控我们自身和我们的环境。这一观念将人类作为一个整体，与外部的混乱和内部的黑暗作斗争，理性的微光逐渐成为驱散黑夜的明灯。种族、国家和信仰之间的分歧应该被视为愚蠢的行为，它使我们

---

[1] 赫伯特·乔治·威尔斯（1866—1946），英国著名小说家、政治家和历史学家，著有《时间机器》《世界史纲》等。——译注

第十五章 十四岁前的学校课程

在对抗混沌和黑暗的斗争中分心,而这种斗争才是真正的人类活动。

要说明以上主题,我建议先举例,然后再谈主题本身。应该展示野蛮人在天寒地冻的环境中蜷缩成一团,啃咬着地上未成熟的果实。应该展示火的发现及其影响,在这方面,普罗米修斯的故事就很合适。应该展示尼罗河流域农业的起源,以及羊、牛和狗的驯化。应该展示船只的发展,从独木舟到大型邮轮,以及城市从穴居人的聚居地到伦敦和纽约这样的大都市的发展过程。应该展示文字和数字逐渐发展的过程。应该展示古希腊的昙花一现,古罗马的灿烂辉煌,随后的黑暗时代,以及科学的到来。这整个过程的细节甚至对很小的孩子来说都很有趣。不应该对战争、迫害和暴行避而不谈,但也不应该对军事征服者表示钦佩。在我的历史教学中,真正的胜利者应该是那些身体力行驱散内部和外在的黑暗的人,如佛陀、苏格拉底、阿基米德、伽利略和牛顿,以及所有帮助我们战胜自己或征服自然的人。因此,应该建立人类有崇高而辉煌的使命的观念,如果我们重蹈战争及其他野蛮蠢行的覆辙时,我们就是背叛了这一使命,只有当我们为世界贡献可以增进人类支配能力的东西时,我们才是在完成使命。

在学校的最初几年里,应该留出一段时间学习跳舞,这对身体有益,可培养审美,而且对孩子们来说是一种极大的乐趣。集体舞应该在孩子们掌握基本舞蹈动作之后再教授，这是小孩子很容易喜欢的合作形式。同样的道理也适用于唱歌，虽然它应该比舞蹈晚一点开始，因为它不像舞蹈那样能带来肌肉练习的乐趣，而且它的基础更难。大多数孩子都会喜欢唱歌，在学习童谣之后，他们应该学真正优美的歌曲。没有理由先败坏他们的品位，然后再试图将其变得高雅纯洁，这么做充其量只会让人变得矫揉造作。孩子们和成年人一样，在音乐能力上差异很大，因此，必须为高年级中挑选出来的一部分孩子开设难度较大的歌唱课程。而且，对他们来说，唱歌应该是自愿的，而不是强迫的。

文学教育很容易犯错。无论对孩子还是成人来说，精通文学知识，如知道诗人的年代、他们作品的名称等，都毫无用处。凡是能编入手册的东西，都毫无价值。熟读优秀文学作品的范例才是有价值的——这不仅会影响写作风格，也会影响思维方式。在过去，《圣经》为英国儿童提供了范例，对散文风格也有有益的影响；但现代的孩子很少能熟读《圣经》。我认为，倘若不背诵，文学著作就无法充分发挥其有益影响。过去背诵被认为是一种记忆力的训练，但心理学家已经表明，它在这方面的效果即便有也很小。现代教育家也越来越不重视背诵，但我认为他们错了，不是因为背诵有任何改善记忆的可能，而是因为它能美化口头和书面语言。语言作为思想的自然

第十五章 十四岁前的学校课程

表达,应该毫不费力;但在一个已经失去基本审美冲动的社会里要做到这一点,必须培养一种思考习惯,我认为这种习惯只有通过对优秀文学的深入了解才能产生。这就是为什么我认为背诵很重要的原因。

但是,仅仅学习诸如"仁慈的品质"和"世界是一个舞台"[1]之类的套话,对于大多数孩子来说似乎既乏味又做作,因此达不到目的。最好是把背诵与表演结合起来,因为孩子们都喜欢表演,而背诵就成为孩子们表演的必要手段。从三岁起,孩子们就喜欢扮演角色;他们会自发地表演,但如果教他们更精细复杂的表演方式,他们会欣喜若狂。我还记得我在演布鲁图斯和卡西乌斯[2]的那场争吵戏时是多么兴致勃勃,我大声说:

> 我宁愿做一条狗,向月亮狂吠,
> 也不愿做这样一个罗马人。

参演《裘力斯·恺撒》《威尼斯商人》或任何其他合适剧目的孩子们,不仅了解他们自己的角色,而且也会知道大多数

---

[1] 莎士比亚戏剧《威尼斯商人》和《量罪记》里的台词。——译注
[2] 布鲁图斯(前85—前42)与卡西乌斯(同前)均为罗马元老院议员,是刺杀恺撒的主谋。——译注

其他角色。这出戏会在他们心中萦绕很久，给他们带来乐趣和享受。毕竟，好的文学作品旨在给人以乐趣，如果不能让孩子们从中获得乐趣，他们也很难从中受益。基于这些理由，我建议把儿童早期的文学教学局限于学习角色表演。除此以外，孩子们可以自愿阅读从图书馆里借来的上乘的故事书。现在人们给孩子们写一些愚蠢而煽情的东西，不认真对待他们，这是对他们的侮辱。对比一下《鲁宾孙漂流记》的认真和严肃就能体会。煽情，无论是对待儿童还是其他事情，都是惺惺作态的同情心的拙劣表现。没有一个孩子会认为幼稚是迷人的，他要的是尽快学会像一个成年人那样行事。因此，儿童读物绝不应该以幼稚的方式表现出居高临下的乐趣。许多现代儿童读物中矫揉造作的愚蠢令人厌恶，这样的读物不是让孩子感到厌烦，就是使他追求精神成长的冲动变得茫然而困惑。因此，最适合儿童阅读的书是那些虽然是为成年人所写，却碰巧适合孩子的书。唯一的例外是那些为孩子们写的，但也让成年人手不释卷的书，比如爱德华·利尔和刘易斯·卡罗尔[1]的书。

学习现代语言并不完全是一个容易的问题。在童年时期，

---

[1] 利尔（Edward Lear）有作品《信口开河》（*A Book of Nonsense*）；卡罗尔（Lewis Carroll）有作品《艾丽丝漫游奇境记》（*Alice's Adventures in Wonderland*）。问世后极受欢迎。——译注

第十五章 十四岁前的学校课程

我们有可能学会流利地说一门现代语言，但在以后的岁月里则难以做到；因此，如果要教授语言，有充分的理由在孩子年幼时就开始。有些人似乎担心，如果过早学习其他语言，孩子对自己语言的了解就会受到影响。我不相信这种说法。托尔斯泰和屠格涅夫虽然在幼年时期就学过英语、法语和德语，但他们都很精通俄语。吉本[1]用法语写作和用英语写作一样得心应手，但这并没有破坏他的英语风格。在整个18世纪，所有的英国贵族都理所当然地在幼年学习法语，许多人还学习意大利语；然而，他们的英语水平比他们现在的后代要高得多。只要孩子用不同的语言对不同的人说话，他们令人惊叹的本能会防止他们将各种语言混淆。我当年在学习英语的同时学习德语，直到十岁，我都对保姆和家庭教师讲德语；之后，我学习了法语，并对家庭教师和私人教师讲法语。这两种语言都不会与英语混淆，因为它们是在不同的人际交往中使用的。我认为，如果要教一门现代语言，就应该由母语为这门语言的人来教，这不仅是因为他们教得更好，而且还因为孩子们跟外国人讲外语，比起跟母语与自己相同的人讲外语少了一些不自然的感觉。因此，我认为，每一所儿童学校都应该有一位法国女教师，如果

---

[1] 爱德华·吉本（1737—1794），英国杰出历史学家，著有《罗马帝国衰亡史》等。——译注

可能的话，也应该有一位德国女教师，刚开始她不用正式地教孩子们她的语言，而是和他们一起做游戏，和他们交谈，并让游戏的胜负取决于他们对语言的理解和回答。她可以从"雅克兄弟"和"在阿维尼翁桥上"开始，逐渐进行更复杂的游戏。这样一来，学习语言就不会感到精神疲劳，还能享受到表演的乐趣。而且与以后的任何时期相比，这个时期的学习效果要完美得多，也不会浪费宝贵的教育时间。

数学和科学的教学只能在我们本章所考虑的年龄段的最后几年开始，比如在十二岁时。当然，我假定孩子们已经学过算术，而且关于天文学和地质学、史前动物、著名的探险家以及诸如此类自然有趣的话题也已经普及过了。但我现在考虑的是正式的教学——几何和代数、物理和化学。少数孩子喜欢几何和代数，绝大多数不喜欢。我觉得这不应该完全归咎于错误的教学方法。对数学的理解，就像音乐才能一样，主要是一种天赋，我相信它是相当少见的，即使只拥有中等程度天赋的人也寥寥无几。然而，为了发现那些有数学天赋的人，每个孩子都应该尝试一下数学。而且，即使是那些点到为止的学习者，也会因为了解这样一门学科而受益。如果方法得当，几乎每个孩子都能理解几何的基本原理。关于代数，我就不能这么说了，它比几何更抽象，对于那些头脑不能脱离具体事物的人来说，本质上是难以理解的。如果教学得法，可能会发现对物理

第十五章 十四岁前的学校课程

和化学感兴趣的人并不像对数学感兴趣的人那么罕见,尽管仍然只存在于少数年轻人中。在十二岁到十四岁之间,数学和科学的学习只应该局限于发现孩子在这方面是否有相应天赋的程度。当然,这不是马上就能看出来的。一开始我讨厌代数,但后来我对此显露了一些天赋。在某些情况下,孩子十四岁时仍无法确定是否有天赋。此时,对孩子的试验将不得不继续一段时间。但在大多数情况下,十四岁时就可以得出结论。有些孩子明确会喜欢并擅长这些科目,而另一些孩子则不喜欢也不擅长。很少会有聪明的学生不喜欢数学和科学,或者愚笨的学生喜欢这些科目。

以上关于数学和科学的论述同样适用于古典学科。在十二岁到十四岁之间,拉丁语教学应该达到的程度是,足以表明哪些孩子热爱并擅长这门学科。我认为,在十四岁时,根据学生的爱好和才能,应该多少开始专业化的教育。在此之前的最后几年,应该用来弄清楚在以后几年里教授什么是最好的。

在整个学校生涯中,户外活动方面的教育应该持续进行。对于家境富裕的孩子来说,这件事可以留给他们的父母去做,但对其他孩子来说,学校必须部分负责。我说的户外活动教育并不是指游戏。游戏当然有其重要性,这一点已得到充分认可,但我考虑的是不同的东西:有关农业生产过程的知识、对动植物的熟悉、园艺、在乡间观察的习惯等。我很吃惊,在城市里长大的人很少能弄清指南针的方位，搞不懂太阳运行的方向，也不知道房子的哪一边是背风面，甚至普遍缺乏连牛羊都拥有的知识。这完全是只在城镇生活的结果。如果我说这是工党无法赢得农村选区的原因之一，也许会被认为是异想天开。但这确实是城里人如此彻底地脱离一切原始和基本的东西的原因。这使他们对待生活的态度变得琐碎、肤浅和轻浮——并非总是如此，但时常发生。季节和天气，播种和收获，庄稼与牲畜，都与人类紧密相连，如果我们不想完全脱离大地母亲，就应该让每个人都亲近和熟悉它们。所有这些知识，孩子们都能在那些对健康有益的户外活动中获得，而仅凭对健康有益就值得去做。城镇孩子在乡村的快乐表明，一种强烈的需要得到了满足。只要这种需要没有得到满足，我们的教育制度就还不完整。

第十六章　最后的学年

在十五岁的暑假之后,我认为一个孩子只要有想专业化学习的愿望,就应该可以如愿以偿,而且大部分学生都将是这种情况。但如果孩子没有明确的偏好,最好延长全面教育的时间。在特殊情况下,专业化教育可以更早开始。在教育中,所有的规则都应该能够因为特殊原因而破例。但我认为,作为一般规则,智力高于平均水平的学生应该在十四岁左右开始专业化学习,而智力低于平均水平的学生不应该在学校接受专业化教育,除非接受的是职业训练。在本书中,我没有提及这个问题。但是,我不认为职业训练应该在十四岁以前开始,而且我认为,即使到了十四岁,职业训练也不应该占据任何学生在学校的全部时间。我不打算讨论职业训练应该占用多少时间,或所有学生还是只有部分学生应该接受职业训练。这些问题所引发的经济和政治问题与教育只有间接联系,不能简单讨论。我只讨论十四岁以后的学校教育。

我将学校教育大致分为三大类:(1)古典学科;(2)数学与科学;(3)现代人文学科。现代人文学科应包括现代语言、历史和文学。在每一个分类中,学生在毕业之前都有可能有进一步的专业化学习,但我认为这种专业化在十八岁之前不会发生。显然,所有学习古典学科的学生都必须既学拉丁语又学希腊语,但有些人可能会侧重学拉丁语,而有些人则侧重学希腊语。数学和科学一开始应该齐头并进,但在某些科学领域,不需要大量的数学知识也可以取得卓越的成就,事实上,许多杰出的科学家都是糟糕的数学家。因此,一个孩子到了十六岁时,应该允许他专攻科学或专攻数学,但不要完全忽视没有选择的那一门。类似的道理也适用于现代人文学科。

某些具有重大实用价值的学科,每一个人都必须学习。在这些科目中,应该包括解剖学、生理学和卫生学,学到满足成年人日常生活中需要的程度即可。但也许这些科目应该在更早的阶段开始学习,因为它们自然地与性教育联系在一起,而性教育应该尽可能在青春期之前进行。反对过早开设这些课程的理由是,太早教的话需要用到它们时可能已经遗忘。我认为唯一的解决办法是教两次:一次是在青春期之前,非常简单扼要地讲一下即可;另一次是在青春期后,结合有关健康和疾病的基本知识来教授。我建议,每个学生也应该了解一些关于议会和宪法的知识,但必须注意,不要让这方面的教学沦为政治宣传。

比课程更重要的是教学方法和教学精神。关于这一点,主

第十六章　最后的学年

要的问题是使学习内容兼顾趣味和难度。严谨而详细的学习应该辅以相关学科领域内的概论书籍和讲座。在坐下来看一部希腊戏剧之前,我会让学生们读一篇由吉尔伯特·默里[1]或其他有诗歌天赋的译者的译文。数学教学应该多样化,可以偶尔讲讲数学发现的历史,以及数学各分支对科学和日常生活的影响等,并提示学生在高等数学中可以发现令人愉快的事物。同样,对历史的详细研究也要辅以精妙的概述,即使这些概述中有值得怀疑的结论。可以告诉学生们这些结论是不确定的,鼓励他们用所掌握的详细知识来决定是支持或反驳这些结论。在科学领域,可以读一些关于最新研究的科普读物,以便对特定事实和规律所服务的一般科学目的有些概念。这些对于激发严谨细致的研究是有益的,但如果被当作研究的替代品,则是有害的。绝不能鼓励学生认为通往知识之路有捷径。这是现代教育中的一个真正的危险,其原因是人们反对旧式的严格训练。旧式训练所包含的脑力劳动是有益的,有害的是对智力兴趣的扼杀。我们必须设法确保学生付出辛勤努力,但要用其他的方法,而不是用旧的管教方法。我不认为这是不可能的事。在美国,人们会发现那些在大学时代无所事事的人,进入法学院或

---

[1] 吉尔伯特·默里（Gilbert Murry, 1866—1957）, 英国古典学者, 牛津大学古希腊文教授。——译注

医学院后却刻苦学习，因为他们终于可以做自己认为重要的事情了。这就是问题的本质：让学生觉得学业很重要，他们就会努力学习。但是，如果功课太简单，他们几乎是本能地知道，那就没有教给他们真正有价值的东西。聪明的孩子喜欢用困难的事来考验自己的头脑。有了良好的教育并消除恐惧后，很多现在看起来愚不可及、毫无生气的孩子都会变得聪颖起来。

在教育过程中，应该尽可能激发学生的主动性。蒙台梭利女士已经展示了如何激发幼儿的主动性，但对年龄较大的孩子则需要不同的方法。进步的教育学家们普遍认同，个人学习应该比过去多而课堂学习应该比过去少，不过个人学习也应该在共同学习的环境中完成。图书馆和实验室应该足够且宽敞。工作日中应该留出相当大的一部分时间来进行自愿的自主学习，但学生应该写下所学内容的报告，并附上所获得的知识的概要。这有助于记忆，让阅读有目标而不是杂乱无章，并使老师能根据每个学生的需要进行适当的指导。学生越聪明，就越不需要指导。对于不太聪明的学生，有必要给予大量的指导；但即使对他们，也应该以建议、询问和激励的方式而不是命令的方式进行指导。不过，老师也应该指定一些学习主题，让学生练习弄清与这些规定主题相关的事实，并以有条理的方式表述它们。

除了常规的学习之外，应该鼓励学生关注当前有争议的政治、社会甚至神学方面的重要问题。应该鼓励他们理解这类争

第十六章 最后的学年

议的各个方面,而不仅仅是正统方面的意见。如果有学生强烈认同争议的某一方,应该告诉他们如何找到支持他们观点的事实,并让他们与持相反观点者辩论。为了探知真理而认真进行的辩论非常有价值。在辩论时,教师应该学会不偏袒任何一方,即使他或她有坚定的主张。如果几乎所有的学生都支持一方,老师就应该支持另一方,并说明这只是出于辩论的目的。此外,教师的职责应该局限于纠正与事实有关的错误。通过这种方式,学生们可以懂得讨论是探明真理的手段,而不是一场看谁辞藻华丽的竞赛。

如果我是一所高年级学生所在学校的校长,我会认为回避或鼓吹热点问题是同样不可取的。让学生觉得他们所受的教育使他们有能力处理社会关注的问题,这是一件好事;这能让他们感觉到,学校教学并没有脱离现实世界。但不应该把自己的观点强加给学生。应该做的是,向他们提出用科学态度对待实际问题的理念。应该期望他们提出真正的论据和真正的事实。这种习惯在政治上尤其少见,却又宝贵。每一个慷慨激昂的政党都会制造迷思的茧房,以保证其政纲高枕无忧,不被质疑。激情往往会扼杀理智;相反,知识分子的理智也往往扼杀激情。我的目标是同时避免这两种不幸。激情和理智都是可取的,只要它们不具破坏性。我希望基本的政治激情是建设性的,并应努力使理智为这些激情服务,但必须是真实、客观地服务于这些激情,而不仅仅是在空想世界中。当现实世界不够美好时,我们都倾向于在一个想象的世界里寻求庇护,在那里我们的愿望不需要艰苦努力就能得到满足。这就是癔症的本质,它也是民族主义、神学和阶级神话的根源。它显示了一种当今世界几乎是普遍存在的人性弱点。与这种人性弱点作斗争应该是后期学校教育的目标之一。对抗它有两种必要的方式,虽然在某种意义上它们是对立的。一种是提升我们对自己在现实世界中能取得何种成就的判断;另一种是让我们清醒地认识何种现实才能破除我们的幻想。两者都包含在客观而非主观地生活这一原则中。

堂吉诃德是主观性的典型例子。他第一次做头盔时,测试了它的抗击打能力,把头盔打得变形;第二次他没有测试,但"认定"这是一顶非常好的头盔。这种"认定"的习惯主宰了他的生活。每一次拒绝面对不愉快的事实其实都一样,我们或多或少都是堂吉诃德式的人。如果堂吉诃德在学校里学过如何制作真正好的头盔,如果他周围的同伴拒绝"认定"他想要相信的东西,他也许就不会这么做了。在幻想中生活,在童年早期是正常的习惯,因为幼儿的无能不是病态的。但随着成年生活的临近,人们一定会越来越清楚地认识到,幻想唯有在迟早能够转化为现实的时候才有价值。男孩们在纠正其他男孩纯粹的个人主张时是值得赞赏的;在学校里,很难抱有自己在同

第十六章 最后的学年

学关系中占据权力上风的幻想。但是,制造迷思的能力在其他方面仍然活跃,还经常得到老师们的配合——自己的学校是世界上最好的;自己的国家永远正确,百战百胜;自己的社会阶层(如果他富有的话)比其他任何阶层都好。所有这些都是不可取的迷思。它们让我们认定自己有一顶好头盔,而实际上别人的剑可以将它劈成两半。这些迷思助长了懒惰,最终导致了灾难。

要纠正这种心理习惯,就像在许多其他情况下一样,有必要用对不幸的理性预测来取代恐惧。恐惧使人不愿面对真正的危险。一个受主观性支配的人,如果半夜被一声"着火了"惊醒,可能会认为那一定是邻居的房子,因为自己家失火的事实太可怕了。他或许就这样失去了本可能逃生的时机。当然,这种情况只可能发生在病态的事例中;但在政治上,类似的行为却司空见惯。在所有只有通过思考才能找到正确方向的情形中,恐惧都是灾难性的情绪;因此,我们希望能够在不感到恐惧的情况下预见到可能发生的不幸,并利用我们的智慧来避免那些并非不可避免的不幸。面对真正不可避免的不幸,我们必须拿出十足的勇气,但这不是我在此讨论的话题。

我不想重复我在前一章中谈到的关于恐惧的话题,我现在只在理智范围内讨论作为真知灼见的障碍的恐惧。在这个范围中,在青年时期克服恐惧要比成年后容易得多,因为相比将生活建立在某些假设之上的成年人来说，观念的改变带给孩子重大不幸的可能要小一些。因此，应该鼓励年龄较大的孩子们养成进行理智辩论的习惯，即使他们对我们认为重要的真理提出质疑，我们也不应该给他们设置障碍。应该将教会学生思考作为目标，而不是教他们正统思想，更不是异端邪说。绝不应该为了虚幻的道德利益而牺牲理智。人们普遍认为，教导美德需要灌输谎言。在政治上，我们掩盖本党杰出政治家的劣迹。在宗教上，如果我们是天主教徒，我们就掩盖教皇的罪恶；如果我们是新教徒，我们就掩盖路德和加尔文的罪恶。在性的问题上，我们在年轻人面前假装贞操普遍存在。在所有国家，即使是成年人，也不被允许知道警察认为会惹麻烦的那些事实。英国的审查官也不允许戏剧真实地反映生活，因为他们坚信只有通过欺骗才能劝诱公众向善。这种态度暗示着某种软弱。不管真相如何，首先得让我们知道，然后我们才能理性行事。掌握权力的人希望对被奴役者隐瞒真相，以便误导他们关于自身利益的看法，这是可以理解的。让人难以理解的是，民主国家竟然自愿制定旨在阻止民众了解真相的法律。这是集体式堂吉诃德主义：他们下定决心不让别人告诉他们，头盔不如他们相信的那么好。这种可悲的懦弱态度与自由的人们是不相称的。在我的学校里，通往知识的路上不存在任何形式的障碍。要通过正确培养情感和本能来追求美德，而不是通过撒谎和欺骗。在我所

第十六章 最后的学年

渴望的美德中,无所畏惧、无所限制地追求知识是基本要素,没有它,其他美德都没有什么价值。

我要说的无非是:应该培养科学精神。许多杰出的科学家在他们的专业领域之外并没有这种精神,但应努力使这种精神无处不在。科学精神首先要求有发现真理的愿望,这个愿望越强烈越好。此外,它还涉及某些智力品质。必须先有最初的怀疑,随后根据证据作出判断。我们不能预先设想我们已经知道证据将证明什么。我们也不能满足于懒惰的怀疑主义,即认为客观真理是无法达到的,一切证据都是不确定的。我们应该承认,即使是最有根据的信念也可能需要部分纠正,人类所能企及的真理是一个程度问题。我们现在对物理学的信念当然比伽利略以前少了几分谬误。我们对儿童心理学的看法肯定比阿诺德博士的更接近真理。在每个例子中,进步都是通过用观察取代先入为主的偏见和激情而取得的。这是为何最初的怀疑是如此重要的原因。因此,有必要教导学生这一点,也有必要教授他们收集证据所需的技能。在一个互相敌对的宣传家不断向我们散布谎言、诱使我们用药丸毒害自己或用毒气毒害他人的世界里,这种批判性思维习惯是极其重要的。面对不断重复的主张变得容易轻信是现代世界的祸患之一,学校应尽其所能加以防范。

在整个学校生活期间,应该有一种智力冒险的意识。在完成规定的任务后,学生应该有机会自己去发现令他兴奋的事物,因此规定的任务不应该过重。无论何时,只要是值得表扬的,就应该表扬,而尽管必须指出学生的错误,却不应该责备他们。永远不要让学生为自己的愚笨感到羞耻。教育最大的激励就是让学生感到自己可以达到目标。让人觉得枯燥的知识没有多大用处,而学生如饥似渴吸收的知识则可以成为永久的财富。让你的学生清楚地看到知识与现实生活的关系,让他们明白如何用知识改变世界。让老师永远是学生的盟友,而不是他的敌人。如果在早年受过良好的训练,这些守则足以使绝大多数孩子们乐于求知。

第十七章　走读学校和寄宿学校

在我看来，一个孩子应该被送到寄宿学校还是走读学校，这是一个必须根据具体情况和孩子的性格来决定的问题。每种体制都有其优点，在某些情况下，这种体制的优势更大，在另一些情况下，那种体制的优势更大。在本章中，我打算提出一些论据，这些论据是我为自己的孩子择校时会考虑的，我想，其他尽心尽责的父母也会重视。

首先要考虑健康问题。不管现实学校的真实情况如何，很明显，在这方面，学校比大多数家庭能够做得更科学、更细致，因为学校可以聘请具有最新知识的医生、牙医和宿管老师，而忙碌的父母对医学的了解相对较少。此外，学校可以建在对健康有益的地区。就住在大城市的人而言，仅这一条就能非常有力地支持他们选择寄宿学校。在乡村度过大部分时间显然对年轻人更有益，因此，如果父母不得不住在城镇，把孩子送到乡村上学可能是不错的选择。这种观点也许不久后就不再站得住脚了，例如，伦敦的卫生状况正在稳步改善，并且通过人工紫外线的使用，可能可以将卫生水平提高到乡村的水平。

然而，即使疾病能减少到乡村那样低的水平，城市里仍然会有巨大的精神压力。持续不断的噪声对儿童和成人都有害；美丽的乡村风光，潮湿泥土的气息，徐徐微风和灿灿星光，都应该留存在每个人的记忆中。因此，我认为，无论城市卫生状况如何改善，一年中大部分时间的乡村生活对年轻人来说仍然很重要。

赞成选择寄宿学校的另一个理由是节省往返的时间，尽管这个理由较为次要。大多数人的家门口并没有一所真正优质的走读学校，因此去上学的路可能相当远。这种观点在乡村最有说服力，正如上面提到的论据对城镇居民最有说服力。

如果要尝试任何教育方法上的创新，几乎不可避免地首先在寄宿学校进行实验，因为相信新方法的父母不太可能都住在一个小区域内。这并不适用于婴儿，因为他们并不完全受教育当局管理；因此，蒙台梭利女士和麦克米伦小姐能够在贫穷人家的孩子身上进行教育方法的实验。相反，在公认的在校学习期间，只有富人才有机会对他们孩子的教育进行实验。他们中的大多数自然更喜欢老式的、传统的教育方式；少数期望其他教育方式的人，在地理上很分散，因而任何地区都不足以支撑一所走读学校。像贝德尔斯[1]这样的教育实验只有在寄宿学校

---

1 建于1893年的英国寄宿学校，是一所男女同校的寄宿学校。——译注

第十七章　走读学校和寄宿学校

才有可能进行。

然而，支持选择走读学校的论据也相当多。在学校里，现实生活的许多场景都不会出现，学校是一个人造的世界，其间的问题不是一般世界的问题。一个只有假期回家的男孩，家人难免对他过分关注和照顾，因此他所获得的关于生活的知识可能远远少于一个每天都回家的孩子。目前，女孩较少出现这种情况，因为在许多家庭中她们需要做更多家务；但随着她们的教育与男孩的教育逐渐同化，她们的家庭生活也会变得与男孩相似，她们目前对家事的更多的知识也会消失。十五六岁以后，让孩子分担父母的一部分职责和担心是有益的——不用分担太多，因为这确实会影响学业，但还是应该分担一些，以免他们没有意识到父母也有自己的生活、自己的兴趣和自己的价值。在学校里，只有年轻人才重要，一切都是为他们而做的。在假期里，家里的气氛往往也由年轻人主导。因此，他们容易变得傲慢、冷漠，对成人生活的艰难一无所知，对父母也漠不关心。

这种状况很容易对年轻人的情感产生不良影响。他们对父母的感情变淡了，也不必学着去适应那些与自己趣味和追求不同的人。我认为这会导致某种完全的自私，即认为自己的个性独一无二。家庭是对这种倾向最自然的矫正，因为它是由不同年龄和性别的人组成的一个单位，每个人都有不同的职责要履行；它在某种程度上是一个有机体，而由同质个体组成的集体则不然。父母爱他们的孩子，很大程度上是因为他们为孩子劳神费力，如果父母对孩子漫不经心，孩子也不会把父母当回事。但父母对孩子的付出必须是合理的，付出的程度应该不至于影响他们自己的工作和生活。尊重他人的权利是年轻人应该学会的一件事，而且在家庭中比在其他地方更容易学会。让孩子们知道，他们的父亲可能因忧虑而烦恼，他们的母亲可能因琐事而疲惫不堪，这对他们是有益的。让青春期的孩子仍能对父母充满爱也是有益的。一个没有亲情的世界往往会变得苛刻而呆板，那个世界的人都想凌驾于他人之上，而一旦失败，又会变得卑躬屈膝。我担心，把孩子送到寄宿学校在一定程度上产生了这些不良影响，我认为这些影响的严重性足以抵消寄宿学校的许多优点。

当然，正如现代心理学家所坚持认为的，父亲或母亲的过度影响是一件非常有害的事情。但如果像我建议的那样，让孩子两三岁就上学，我相信这种情形也不太可能出现。在我看来，从小就让孩子上走读学校，是父母控制一切与父母无足轻重之间的一种恰当的折中。就我们刚才所考虑的一系列问题而言，如果再加上一个良好的家庭，则显然是最好的办法。

对于敏感的男孩来说，让他们身处一个完全由男孩组成的群体中是有一定风险的。十二岁左右的男孩大部分都处于相

第十七章　走读学校和寄宿学校

当粗野和冷漠的阶段。最近，在一所著名的公学里，有一个男孩因为同情工党而被打成重伤。观点和兴趣与一般人不同的男孩，在这种环境中可能会遭受严重的伤害。即使在当前最现代、最进步的寄宿学校里，亲布尔人的学生在布尔战争期间也不好过[1]。任何一个喜欢读书或者不讨厌学习的男孩，肯定会受到不友好的对待。在法国，最聪明的男孩都去高等师范学校，不再和一般男孩一起上学。这种做法当然有好处。它可以防止才智超群的孩子精神崩溃，成为庸人的马屁精，就像在英国屡见不鲜的那样。它让那些不受欢迎的孩子避免承受原本必定会遭受的压力和痛苦。它还能给聪明的孩子提供适合他们的教育，这种教育比普通孩子的教育进度要快得多。但另一方面，这种做法使知识分子在以后的生活中与普罗大众隔离开来，或许使他们不太能够理解普通人。尽管存在这种可能的不利因素，但我认为，比起英国上层社会折磨所有智力超群或道德高尚的男孩来说，除非他们碰巧也擅长游戏，这种做法总体来说更好一些。

然而，男孩们的粗野并非无药可救，事实上，他们的情况已经比以前好了很多。《汤姆·布朗的求学时代》描绘了一幅

---

[1] 布尔人是南非和纳米比亚的白人种族之一，荷兰裔为主。1899—1902年，英国和布尔人为争夺南非领土和资源而进行了布尔战争。——译注

阴暗的景象，但如果放到我们今天的公学里，就显得有些夸张了。对于那些接受过我们在前几章所讨论过的那种早期训练的男孩来说，这种描述就更不适用了。我还认为，男女同校——在寄宿学校可以实行，正如贝德尔斯所表明的那样——可以让男孩变得更文明。我不愿贸然承认两性之间存在天生的差异，但我认为相比男孩而言，女孩较不倾向于通过肢体来欺凌异类。然而，如果一个男孩在智力、道德或敏感性方面超乎常人，或者他不是政治保守派和神学正统派，目前可以放心送去的寄宿学校少之又少。对于这样的男孩，我确信现有的公立学校制度是有害的，但具有卓越才能的人几乎都包含在这类男孩中。

以上的讨论中，无论是赞成还是反对寄宿学校，只有两个因素是必不可少且不变的，但它们却是对立的。一方面是乡村生活、空气和空间的好处；另一方面，是家庭亲情和了解家庭责任所获得的教育。至于住在农村的父母，则有另一个支持寄宿学校的论据，即他们附近不太可能有一所真正好的走读学校。鉴于这些相互矛盾的考虑，我认为不可能得出任何普遍性的结论。如果孩子们强壮而精力充沛，不需要非常认真地考虑健康问题，那么支持寄宿学校的其中一个论据就站不住脚。如果孩子与父母感情深厚，支持走读学校的理由就站不住脚了，因为假期就足以维系亲情，而住校可能正好可以防止这种感情

第十七章　走读学校和寄宿学校

过度。一个敏感而才能出众的孩子最好不要去寄宿学校，在极端情况下，甚至最好不要去学校。当然，一所好学校总比一个坏家庭好，而一个好家庭总比一所坏学校好。但在两者都不错的情况下，就得权衡得失，具体情况具体分析。

到目前为止，我是从经济富裕的父母的角度出发来讨论问题的，对他们来说，他们有选择的余地。如果从社会的角度来看，从政治上考虑这一问题，就要考虑其他因素。我们一方面要考虑寄宿学校的费用，另一方面如果孩子离家在外，又可以简化住房问题。我强烈建议，除了极少数情况外，每个人在十八岁以前都应该接受学校教育，而专门的职业训练只应在十八岁以后再开始。尽管我们当前讨论的两种求学方式都不乏推荐的理由，但在很长一段时间内，经济方面的考虑将决定大多数工薪阶层孩子的选择，即上走读学校。尽管它不是基于教育的理由做出的决定，但也没有明确的理由证明这个决定是错误的，因此我们也能接受。

第十八章　大学

在前面的章节中，我们已经讨论了在一个良好的社会制度中，品性教育和知识教育应该对每个孩子开放，应该在事实上为每个孩子所享有，除非有极特殊的原因，比如遇到音乐天才（如果莫扎特在十八岁之前被迫学习普通的学校课程，那就太不幸了）。但我想，即使在一个理想的社会里，也会有很多人不上大学。我相信，目前只有少数人能从延长至二十一或二十二岁的学术教育中受益。当然，那些目前在老牌大学里出没的游手好闲的富家子弟往往很少学有所获，而只是养成了奢侈浪费的习惯而已。因此，我们必须提出这样的问题：我们应该根据什么原则来选择上大学的人呢？目前的大学生主要是父母有经济能力送他们上大学的那些人，尽管奖学金制度正在逐渐改变这种选择标准。显然，选拔的原则应该是教育上的，而不是经济上的。一个十八岁的青年，只要受过良好的学校教育，就已经有能力从事有用的工作。如果他们还要深造三四年才工作，社会有权期望这段时间能得到有效的利用。但在决定谁去上大学之前，我们必须了解大学在社会生活中的作用。

第十八章　大学

英国的大学经历了三个阶段，但第二阶段尚未完全被第三阶段所取代。起初，它们是为神职人员提供培训的学院，在中世纪，几乎只有神职人员才能接受教育。后来，随着文艺复兴，富人都应该受教育的观念取得共识，尽管人们认为女性不必像男性那样接受那么多教育。整个17至19世纪，大学提供的是"绅士教育"，牛津大学至今仍在提供这种教育。由于我们在第一章中讨论过的原因，这种以前非常有用的教育理想现在已经过时了；它依赖于贵族政治，无论在民主政治还是在工业财阀统治下都不能兴盛。如果实行贵族政治，那最好是由受过教育的绅士来实行，但最好还是不实行贵族政治。我不必讨论这个问题，因为这个问题在英国已因《改革法案》的通过和《谷物法》[1]的废除而解决，在美国则由独立战争解决。诚然，我们这个国家仍然有贵族政治的形式，但其精神是财阀政治的精神，与真正的贵族政治截然不同。成功的商人因虚荣把他们的孩子送到牛津大学，希望他们成为"绅士"，但结果是使他们对商业产生厌恶，陷入生活拮据不得不自谋生计的境地。因此，"绅士教育"已经不再是国民生活的重要组成部分，考虑

---

1 《改革法案》是英国于1832年通过的关于扩大下议院选民基础的法案，改变了下议院由保守派独占的状态。《谷物法》是强制实施的进口关税，其目的是维护土地贵族的利益，于1846年废除。

未来教育时可以不予理会。

由此，大学正在回归到一种更类似于它们在中世纪所占据的地位，它们正在成为职业学校。律师、牧师和医生通常都受过大学教育，高级公务员也是如此。各行各业中越来越多的工程师和技术人员都是大学毕业生。随着世界变得越来越复杂，工业也越来越科学化，需要更多的专家，而这些专家主要是由大学培养的。守旧的人哀叹技术学校侵占了纯粹学问的领地，但这种情况仍在继续，因为这正是那些不在乎"文化"的财阀们所要求的。正是他们，而不是崇尚民主的反叛者，才是纯粹学问的敌人。"无用的"学问，就像"为艺术而艺术"一样，是贵族式而不是财阀式的理想，它之所以还能苟延残喘，是因为文艺复兴的传统尚未消亡。我对这种理想的衰亡深感遗憾，纯粹的学问是与贵族政治相关的最好的东西之一。但是贵族政治的弊端太多，远超它的优点。无论我们是否愿意，工业主义都必定消灭贵族制度。因此，我们不妨下定决心，将我们所能挽救的那部分，与新的更有力量的观念联系起来，如若我们固守传统，就是必败之战。

如果要继续将纯粹的学问作为大学的目标之一，就必须把它与整个社会生活联系起来，而不仅仅作为少数有闲绅士的高雅享乐之物。我认为纯粹的学问是一件非常重要的事情，我希望看到它在学术生活中的地位得到提高，而不是日渐削弱。无

第十八章 大学

论是在英国还是在美国,导致纯粹学问减少的主要原因都是渴望从无知的富豪那里获得捐赠。解决办法在于建立一个受过教育的民主制度,愿意把公共资金投入到我们的工业巨头们无法欣赏的事物上。这绝不是不可能的,但它要求知识水平的普遍提高。如果我们的学者能更多地摆脱对富人的附庸心态,那就会容易得多,这种附庸心态是他们从赞助人作为其自然生计来源那个时代继承下来的。当然,把学问和学者混为一谈也是可能发生的。举一个纯属想象的例子,一个学者可以通过教授酿造技术而不是有机化学来改善他的财务状况,他获得了收益,但学问遭受了损失。如果这位学者对学问有更真诚的热爱,他就不会在政治上支持捐款设立酿酒教授头衔的酿酒公司。而如果他站在民主制度一边,民主制度也会更乐于了解他的学问的价值。基于以上种种理由,我希望看到学术团体依靠的是公共资金而不是富人的捐助。这种弊端在美国比在英国更甚,但它在英国确实存在,而且还有增长之势。

撇开这些政治方面的考虑不谈,我假定大学有两个目标:一方面,培养从事某些职业的人才;另一方面,追求学术和研究,而不考虑眼前的效用。因此,我们希望在大学里看到两种人:一种是将要从事这些职业的人;另一种是具有特殊才能,可以在学术研究中有所作为的人。但是,这并不能决定我们如何挑选从事各类职业的人。

论教育

目前，除非家境富裕，否则很难从事像法律或医学这样的职业，因为学费昂贵，而且刚入行时不能立即有收入。造成的结果是，这些行业的选择标准是社会性的和世袭的，而不看是否适合该工作。以医学为例，一个社会如果希望其医疗工作有效率，就应挑选那些在这方面有热情和才能的年轻人接受医学训练。目前，这一原则被部分地用来在那些能负担得起学费的人中选择人才；但很有可能许多本可以成为好医生的人因为太穷根本读不起医科。这是让人引以为憾的人才浪费。让我们再举一个有点不同的例子。英国是一个人口稠密的国家，大部分食物都是进口的。从许多角度来看，特别是从战时安全的角度来看，我们的食物最好更多地在国内生产。然而，现在没有任何措施来确保我们有限的土地得到有效耕种。农民主要通过世袭来选定，通常都是子承父业。还有一些是买了农场的人，这意味着他有一些资本，但不一定有任何农业技能。众所周知，丹麦人的农业技术比我们的更多产，但我们没有任何措施让我们的农民了解这些技术。我们应该坚持要求每个获准耕种较大面积土地的人都要有科学农业方面的文凭，就像我们要求司机都要有驾照一样。世袭原则在政府中已被摒弃，但在许多生活领域里仍然存在。它所在之处，正如它之前存在于公共事务领域时那样，加剧了效率低下的情况。我们必须用两条相互关联的规则来取代世袭原则：第一，若没有掌握必要的技能，任何人

第十八章 大学

都不得承担重要的工作;第二,这种技能应该传授给那些对此工作有志向和能力的人,而不应考虑他们父母的经济能力。显而易见,这两条规则将极大地提高效率。

因此,大学教育应被视为有特殊才能者的特权,那些有才能但没钱付学费的人在学习期间应由公共支出支付学费。除非能通过能力测试,否则不应录取;如果不能有效利用时间学习并获得认可,就不应继续留在学校。把大学看成有钱的年轻人闲混三四年的地方的想法正在消亡,但是,就像查理二世死后经过数年才确立新君主一样,新观念的确立也需要漫长的时间。

当我说不应允许大学里的青年男女无所事事时,我必须赶紧补充一点,对学业成果的检验不应机械地遵守制度来进行。在我国新建的大学里,有一种令人遗憾的倾向,那就是坚持要求学生去听无数的讲座。蒙台梭利学校的幼儿尚且有充分的理由进行个人学习,二十岁的年轻人就更有理由如此,尤其当他们是思维敏捷、能力出众的人时。当我还是个大学生的时候,我和我的大多数朋友都感觉听讲座纯粹是浪费时间。毫无疑问我们有点言过其实,但也没有很过分。办讲座的真正原因,在于它们是有目共睹的工作,因此商人们愿意为此付费。如果大学教师采用最好的教学方法,商人们反而认为他们无所事事,还会要求学校裁员。牛津大学和剑桥大学由于声名在外,还能在某种程度上运用正确的教学方法；但新建的大学无法与捐款的商人抗衡。大多数美国大学也是如此。教师应该在学期开始时列出一份要认真阅读的书单，并对一些人可能喜欢而另一些人可能不喜欢的书籍稍加介绍。他应该设计试卷，学生们只有理解书中的要点才能解答。学生们做完卷子后，他应该与学生们逐一会面。大约每周一次或每两周一次，他应该在晚上抽空来和愿意见面的学生们随意地谈谈与他们的学业相关的问题。这一切与老牌大学的做法并无二致。如果学生选择自己出一份不同于老师布置的但难度相当的试卷，他有这样做的自由。学生的勤奋程度可以从他们自己出的试卷中判断出来。

然而，有一点非常重要。每一位大学教师都应该从事研究工作，应该有足够的闲暇和精力了解世界各国在他所从事的学科方面的研究进展。在大学教学中，教学技巧已不再重要；重要的是对本学科的了解及对其发展动态的敏锐把握。这对于一个因教学而劳累过度、紧张疲惫的人来说是不可能做到的。他很可能因此对所教科目感到厌恶，他的知识几乎肯定局限于他年轻时所学之物。每一位大学教师都应该有学术休假年（每七年一次），可以到国外的大学访学，或者用其他方式了解国外的最新研究发展状况。这在美国很常见，但欧洲国家由于对自己所拥有的学术知识过于自负，反而不承认这是必要的。在这一点上，他们完全错误。在剑桥教我数学的老师几乎完全没

第十八章 大学

有接触过过去二三十年来欧洲大陆的数学；在我的整个大学期间，我从未听说过魏尔斯特拉斯[1]这个名字。直到后来出国旅行，我才接触到现代数学。这并不是罕见或例外的情况，在不同时期的许多大学中都有类似的情况。

在大学里，最注重教学的人和最注重研究的人之间存在着某种对立。这几乎完全是由于错误的教学观念造成的，也是由于一些学生的勤奋和能力低于作为入学条件所应达到的水平造成的。老式教师的观念在某种程度上仍然存在于大学里，他们希望对学生产生良好的道德影响，希望灌输给学生过时的、毫无价值的知识，这些知识大多是众所周知的谬误，但被认为在道德上有启发作用。不应该强制学生学习，但如果发现他们浪费时间，无论是由于懒惰还是由于缺乏能力，都不应该让他们继续留在学校里。唯一能从强行性要求中获益的道德是工作道德，其余的都属于人生早期培养的道德。迫使学生有工作道德的办法就是送走那些没有工作道德的人，因为他们显然应该去做别的事情。不应该要求教师长时间忙于教学工作，他应有充足的闲暇从事研究，但应该要求他明智地利用这些闲暇时间。

如果我们思考大学在人类生活中的作用，会发现研究至少

---

1 魏尔斯特拉斯（Weierstrass，1815—1897），德国数学家，为数学分析奠定了坚实基础，被称为"现代分析学之父"。——译注

与教育同样重要。新知识是进步的主要原因，没有新知识，世界很快就会停滞不前。在一段时间内，世界的进步可能会通过现有知识的传播和广泛应用而继续，但这种进步仅靠其自身难以为继。甚至对知识的追求，如果是功利主义的，也无法自我持续。功利主义的知识需要通过非功利的学术研究来获得成果，而这类学术研究的唯一动机是想更好地了解世界。一切伟大的进步最初都是纯理论的，只有到后来才被发现能实际应用。即使某个出色的理论从来没有任何实际用途，它本身仍然具有价值；因为对世界的了解，是一种终极的善。如果有一天，科学和组织成功地满足了身体的种种需要，并消灭了残酷和战争，对知识和美的追求也仍将继续激发我们对勤奋创造的热爱。我不希望诗人、画家、作曲家或数学家日夜思考他的工作对现实世界的某种缥缈的影响，相反，他应该专注于追求一种愿景，专注于捕捉他最初模糊看到过的事物，并使之永恒，这是他如此挚爱的东西，相比之下，尘世的欢乐都显得苍白无力。一切伟大的艺术和一切伟大的科学都源于一种强烈的愿望，即具体地表现出那最初是虚无缥缈的幻影、那诱人的美，它引诱人们离开安全和舒适，走向光荣的荆棘之路。怀有这种激情的人绝不会被功利主义哲学的枷锁所束缚，因为使我们人类变得伟大的一切事物都源自此种激情。

第十九章 结论

在旅程结束时,让我们回顾一下来时的路,鸟瞰一下我们穿越的这片风景。

教育者所需的是由爱支配的知识,这也是他的学生所应当获得的。在早期,教师对学生的爱最为重要;到后来,对所传授的知识的爱变得越来越必要。最开始的重要知识是生理学、卫生学和心理学,其中最后一种知识对教师尤为重要。儿童与生俱来的本能和反应,可以在环境的作用下发展成各种各样的习惯,从而形成各种各样的品性。这些大多发生在幼儿时期,因此,这个时期正是我们尝试培养孩子品性的最佳时期。那些对现实恶行麻木不仁的人喜欢断言人性不可能改变。如果他们的意思是人性在六岁以后就不会改变了,那么他们所说的也有一定的道理。如果他们的意思是说,婴儿与生俱来的本能和反应是无法改变的,那么他们多少也是对的,尽管优生学能够而且会在这方面取得显著的结果。但是,如果他们的意思是像他们通常认为的,无法培养出行为方式与现有人群完全不同的成年人,那么他们就是在公然挑战现代心理学。如果两个婴儿在出生时具有相同的性格，不同的早期环境可能会使他们变成性格迥异的成年人。早期教育的任务是训练本能，以养成和谐的品性，这种品性具有建设性而不是破坏性，有爱心而非阴郁，并且勇敢、坦率和聪慧。这一切对绝大多数儿童都是可行的，在儿童得到正确培养之处其实已经实现。假如现有知识得到运用，经过检验的教育方法得到推广，我们可以在一代人的时间内，培养出一个几乎完全免于疾病、恶意和愚昧的群体。我们没有这样做，因为我们宁可选择压迫和战争。

原始的本能大多既能导致良好的行为，也能导致恶劣的行为。在过去，人们不懂得训练本能，因此被迫诉诸压抑。惩罚和恐惧曾是实现所谓美德的巨大激励因素。现在我们已懂得，压抑是错误的方法，一方面因为它永远不可能真正成功，另一方面因为它会导致精神疾病。对本能的训练是一种截然不同的方法，包含完全不同的技术。可以说，习惯和技能仿佛为本能开辟了一条通道，引导本能根据通道的方向向这里或那里流动。通过培养正确的习惯和技能，我们就能使孩子的本能自行促使他们做出理想的行动。孩子没有紧张感，因为不需要抗拒诱惑。他也没有挫败感，从而能够产生一种无拘无束的自发性。我并不是说以上说法是绝对正确的，总会有不可预见的偶然情况，在这种情况下，也许有必要采用旧方法。但是，儿童心理学越完善，我们在幼儿园获得的经验越多，新方法的应用

第十九章 结论

就越完美。

我已尽力向读者展示各种美好的可能性。想想这将意味着什么？健康、自由、幸福、仁慈、智慧，所有这些几乎普遍存在于每个孩子身上。如果我们愿意，我们可以在一代人的时间里造就理想时代。

但是，没有爱，这一切都无法实现。知识已经存在，但缺乏爱，知识就无法应用。有时，发现人们缺乏对孩子的爱令我几近绝望——例如，当我发现几乎所有我们公认的道德领袖都不愿意采取任何措施来防止有性病的孩子出生时。尽管如此，对孩子的关爱正在逐渐增加，这无疑是我们的一种本能冲动。数个世纪的暴戾专制掩盖了普通男女天性中的善良。直到最近，教会才停止教导人们对未受洗的婴儿施以诅咒。民族主义是另一种使人性之泉干涸的信条，在战争期间，我们使几乎所有的德国儿童都深受佝偻病折磨。我们必须释放我们天性中的善良，如果一种教义要求我们让孩子受苦，我们就应该摒弃它，不管它对我们多么重要。几乎所有情形下，残忍的教义的心理根源都是恐惧，这就是为什么我再三强调在儿童时期消除恐惧的原因之一。让我们根除潜伏在我们心灵深处的恐惧。现代教育开启了一个幸福世界的可能性，因此值得我们冒一些个人风险，即使这风险比实际情况更严重。

如果我们能将年轻人从恐惧、压抑、叛逆或挫败的本能中解放出来，我们将能够自由地、彻底地、毫无隐瞒地向他们展示知识的世界。如果明智地实施教育，对获取知识的人来说，这将是一种乐趣，而不是一项任务。教给学习专业课程的孩子们更多的知识并不重要，重要的是冒险精神和自由精神，是踏上探索之旅的意识。如果正式教育是本着这种精神进行的，那么所有比较聪明的学生都会以自己的努力来充实和完善自己，我们应该为此提供一切机会。知识把人从自然力和破坏性激情的支配中解放出来；没有知识，我们所憧憬的世界就无法建立。在无所畏惧的自由环境中受过教育的一代人，将比我们拥有更广阔、更大胆的希望，因为我们仍然要与在潜意识里潜伏的迷信的恐惧作斗争。不是我们，而是我们将要创造的自由一代，先是在他们的梦想中，最后终将在现实的辉煌中看到那个新世界。

前方的道路是清晰的。只是，我们对孩子的爱是否足以让我们愿意踏上这条路？抑或让我们的孩子像我们一样受苦？我们应该让他们在年轻的时候被扭曲、压抑与恐吓，然后因为理智上的胆怯而在他们无法阻止的无谓战争中送命吗？千百种延续至今的恐惧阻碍了他们通往幸福和自由的道路。但爱能战胜恐惧，如果我们爱我们的孩子，没有什么能让我们拒绝给予这份我们力所能及的丰厚礼物。